Marina Rachner, 1971 in Hamburg geboren, studierte an der Fachhochschule für Gestaltung in Hamburg mit dem Schwerpunkt Kinderbuchillustration. Seither arbeitet sie freiberuflich als Illustratorin für verschiedene Verlage.

© Ellermann Verlag GmbH, Hamburg 2005
Alle Rechte vorbehalten
Einband und farbige Illustrationen von Marina Rachner
Reproduktion: Domino Medienservice GmbH, Lübeck
Druck und Bindung: Offizin Andersen Nexö, Leipzig
Printed 2011
ISBN 978-3-7707-2463-5

www.ellermann.de

Die schönsten
Pony–Geschichten
zum Vorlesen

Herausgegeben von Eva-Maria Kulka
Bilder von Marina Rachner

ellermann

Inhaltsverzeichnis

Isabel Abedi: *Das Mondscheinkarussell*
7

Corinna Gieseler: *Wilde Mücke*
13

Dimiter Inkiow: *Die aufgefressenen Strohhüte*
23

Marliese Arold: *Der Apfeldieb*
29

Anja Fröhlich: *Das faule Zwergpony Trude*
37

Maja von Vogel: *Ein Pony kommt zum Tee*
44

Ursel Scheffler: *Paula auf dem Ponyhof*
51

Claudia Ondracek: *Das kleine Pferd*
58

Dagmar Geisler: *Keine Angst vor großen Pferden*
64

Mirjam Müntefering: *Das wilde Pony Fridolin*
72

Sabine Rahn: *Caroline ist ein großes Pferd*
80

Henriette Wich: *Mamas großes Geheimnis*
89

Ingrid Kellner: *Lotti und das Mitternachtspony*
96

Christiane Steen: *Ein Pony für Lukas*
102

Brigitte Kolloch: *Die Geschichte vom kitzligen Charly und von Greta im Mist*
110

Marliese Arold: *Jan und sein Gipsbein*
116

Quellenverzeichnis
124

Das Mondscheinkarussell

 von
Isabel Abedi

Hattest du schon einmal einen Wunsch? Einen richtig echten, tiefen Wunsch? Denk nach. Hattest du? Wie hat sich das angefühlt? Weißt du es?

Gut. Dann möchte ich dir jetzt eine Geschichte erzählen. Die Geschichte von Mina, einem kleinen Mädchen, das einmal einen Wunsch hatte.

Es war vor vielen, vielen Jahren, da saß Mina am offenen Fenster ihrer Schlafkammer und schaute hinaus. Draußen war Nacht, und alles war still. Gerade noch hatte der Mond hinter dem Wald gestanden. Jetzt aber schob sich sein rundes Gesicht hinter den Bäumen hervor, und sein silbriger Schein fiel auf die große Wiese, die Mina von ihrem Fenster aus sehen konnte. Manchmal ließen Bauern ihre Kühe darauf weiden, manchmal spielten Kinder darauf Fußball oder Fangen, und manchmal war die Wiese einfach leer.

Seit heute Morgen aber stand auf der Wiese ein Karussell. Es war ein kleines Karussell, doch für Mina war es das wunderbarste, das

sie je gesehen hatte. Den ganzen Tag hatte sie davor gestanden und zugeschaut, wie die anderen Kinder darauf gefahren waren. Auf dem blauen Motorrad und dem Kamel mit den braunen Höckern, auf dem roten Auto – und auf dem geflügelten Pony. Weiß wie Schnee war das Pony, und seine Mähne schimmerte wie Mondstaub.

Ein Mal, nur ein einziges Mal auf diesem Pony sitzen zu dürfen, das war Minas Wunsch. Aber Minas Eltern waren arm, sie hatten kaum Geld für Essen und Kleider und konnten Minas Wunsch nicht erfüllen. Einen Euro kostete die Fahrt auf dem Karussell, und das war teuer. Viel zu teuer.

Und so saß Mina also nun nachts am offenen Fenster ihrer Schlafkammer, und der Wunsch, auf dem geflügelten Pony zu sitzen, war so groß geworden, dass er nicht mehr in sie hineinpasste.

Da fasste Mina einen Entschluss.

Leise tapste sie auf ihren nackten Füßen nach draußen. Das ganze Dorf schlief, und auf der Straße war alles still. Aber Mina fürchtete sich nicht. Sie war in diesem Dorf aufgewachsen und kannte jeden Stock und jeden Stein.

Erst als Mina vor dem Karussell stand, begann ihr Herz zu klopfen. Leise und langsam, dann immer lauter und schneller.

Das Karussell stand still, aber es leuchtete so zauberhaft im hellen Mondschein, dass es Mina ganz schwindelig wurde.

Sie streckte ihre Hand nach dem Pony aus. Kühl und glatt fühlte es sich an.

»Darf ich?«, flüsterte Mina. »Darf ich auf dir sitzen?«

Das Pony gab keine Antwort. Wie auch, es war ja nicht echt. Aber irgendwie, ja, irgendwie erschien es Mina, als ob sich die silbrige Mähne des Ponys bewegte. Ein leiser Wind fuhr durch die Ponyhaare, und es rauschte.

Mina sah hinauf in den Himmel. Der Mond stand jetzt genau über dem Karussell. Um ihn herum strahlten die Sterne. Millionen von Sternen mussten es sein, und dann, ganz plötzlich, fiel einer von ihnen zur Erde herab und landete – es war wirklich ein Wunder – in der Mähne des weißen Ponys.

»Steig auf«, sagte eine leise, raue Stimme, und jetzt bewegte sich auch der Kopf des Ponys. Aus seinen dunkel schimmernden Augen blickte es Mina an. »Komm schon, steig auf. Das war doch dein Wunsch, oder?«

»Ja«, flüsterte Mina. Das Herz schlug ihr jetzt bis zum Hals.

Da neigte das Pony seinen Kopf, und Mina stieg auf seinen Rücken.

Wie seltsam! Das Fell des Ponys war nicht mehr kühl und glatt, sondern warm und weich. Und als sich das Karussell in Bewegung setzte, da fühlte Mina, wie es auch in ihr ganz warm wurde. Langsam erst, und dann immer schneller drehte das Karussell seine Runden. Es fuhr wie von Geisterhand gesteuert und ging jetzt so schnell, dass sich Mina richtig festhalten musste, um nicht vom Rücken des Ponys herabzufallen. Und genau in dem Augen-

blick, als Mina dachte, dass es schneller nicht mehr ging, spreizte das Pony seine Flügel und erhob sich mit ihr in die dunkle Nacht. Höher und immer höher trug es Mina in den Himmel, den Sternen und dem Mond entgegen. Nur noch ein winziger Punkt war das Karussell jetzt unter ihr, und irgendwann war nichts mehr um sie her als der Mond, die Sterne und eine große weiße Wolke. Aber – was war das?

Aus der Wolke drangen leise Töne. Es klang wie ein vielstimmiges Wiehern und ein bisschen auch wie eine Melodie.
»Meine Herde«, sagte das Pony, und seine Ohren zitterten. »Hier oben ist meine Herde. Sie warten schon lange auf mich, aber ich konnte nicht fort. Ich musste warten, bis in einer Vollmondnacht

ein Kind auf meinen Rücken steigt – denn so ist das Schicksal aller Karussellponys. Über hundert Jahre warte ich nun schon, und ich dachte, es würde nie mehr geschehen.«

Mina staunte. Dann hatten sie und das Pony genau denselben Wunsch gehabt!

Das Wiehern hinter der weißen Wolke wurde lauter, und mit einem Male fühlte Mina sich ganz schläfrig.

»Schließ die Augen«, sagte das Pony. »Schließe sie fest, und öffne sie erst, wenn alles still ist.«

Mina wusste, dass dies der Abschied war. Sie schloss ihre Augen und fühlte, wie sie fiel. Aber nicht schwer und plump wie ein Stein, sondern leicht wie eine Feder segelte ihr Körper durch die Nacht.

Das leise Wiehern klang die ganze Zeit in Minas Ohren – und als es versiegte, öffnete sie ihre Augen.

Es war heller Tag, und Mina lag zu Hause in ihrem Bett.
Als sie ans Fenster lief, sah sie das Karussell. Hinter dem Wald kam gerade die Sonne hervor, und das Karussell war schon in Betrieb. Mina hörte die Rufe der Kinder und sah, wie das Karussell seine Runden drehte. Da war das blaue Motorrad. Da das Kamel mit den braunen Höckern und da das rote Auto.
Das geflügelte Pony aber war verschwunden, und Mina sah zum Himmel und lächelte.

Wilde Mücke
von
Corinna Gieseler

»Brrr, bleib stehen, Mücke!«, ruft Tinka und zieht heftig am Zügel ihres Steckenpferdes.
Sie tut so, als sei das Spielzeugpferd mit dem braunen Plüschkopf und den schwarzen Glasaugen ein furchtbar wildes Pony. Den Stock fest zwischen ihre Beine geklemmt, hüpft sie mit Bocksprüngen über den Rasen.
»Ich hab doch gesagt, du sollst Schritt gehen!«, meckert Tinkas Freundin Marlen und wedelt mit einer Reitgerte durch die Luft. »Wenn du nicht besser aufpasst, darfst du nicht mehr mitmachen.«
Marlen und Tinka spielen auf dem Spielplatz hinter Tinkas Wohnblock Reitschule, so wie fast jeden Nachmittag. Vor einer Woche haben sie zusammen mit den Zwillingen Julia und Leonie neben der Schaukel eine Reitbahn abgesteckt. Dort steht nun Marlen in der Mitte und gibt mit ihrer ziemlich lauten Stimme ziemlich laute Befehle. »Dieses Kind klingt wie ein leerer Blecheimer!«, hat Tinkas Papa neulich gemurmelt, als Marlen bei ihnen nachmittags

zu Besuch war und er Zeitung lesen wollte. So eine Blecheimer-Stimme ist jedoch manchmal ganz nützlich. Als Reitlehrerin muss Marlen nämlich den anderen Mädchen auf ihren Steckenpferden genau sagen, was sie tun sollen – wenn es sein muss, auch dreimal hintereinander und obwohl die alte Frau Schettmann aus dem ersten Stock schon drohend gegen die Fensterscheibe klopft.
»Tinka, sitzt du auf deinen Ohren?«, schreit Marlen jetzt also. »Du sollst Schritt reiten! Sche-ritt!«
Aber Tinka denkt gar nicht daran und legt auf der wilden Mücke wieder mit ihren Galoppsprüngen los.

»Ich kann sie nicht halten«, behauptet sie, weil Marlen böse guckt. »Mücke spinnt heute.«

Tatsächlich, so frech ist dieses Steckenpferd-Pony, dass es laut pupst, gerade als es an Marlen vorbeiläuft. Und dann äppelt es auch noch mitten in die Reitbahn!

Natürlich fangen Julia und Leonie deswegen schrecklich an zu lachen, und Marlen stöhnt genervt und muss ihren albernen Reitschülerinnen noch mal haarklein erklären, wie man sich in einer Reitstunde benimmt.

Tinka weiß genau, dass Marlen sich darüber ärgert, wenn sie alles durcheinander bringt. Aber sie findet es einfach nicht gerecht, dass Marlen immer die Reitlehrerin sein darf. Schließlich hat Tinka sich doch dieses Spiel ausgedacht. Die Namen der Pferde zum Beispiel: Saluto, Winona und Mücke. Auf solche Namen wäre Marlen nie im Leben gekommen.

Auch dass sie seit gestern im Kletterhäuschen einen Pferdestall eingerichtet haben, mit leeren Konservendosen als Tränken, und gleich daneben im Sandkasten einen Misthaufen für die Pferdeäppel und das alles, das war natürlich auch Tinkas Idee gewesen. Und da wäre es doch irgendwie nur gerecht, wenn sie zwischendurch auch mal die Reitlehrerin spielen dürfte!

Aber stattdessen bestimmt immer nur Marlen, bloß weil sie als Einzige einmal in der Woche Reitunterricht auf echten Ponys bekommt und schon eine Reitgerte hat.

»Ich kenne eben genau die Kommandos«, hat sie gleich zu Anfang gesagt, und Julia und Leonie haben brav dazu genickt.
Es stimmt ja auch.
»Abteilung angaloppieren!«, ruft Marlen, oder »Absatz runter, Julia!«, genau wie es sich in einer Reitstunde gehört. Klar macht das Spiel so gleich mehr Spaß. Aber Marlen schimpft einfach zu viel, findet Tinka. Dauernd meint sie, dass die anderen etwas falsch machen, sogar, wenn sie ihr Steckenpferd nur in den Stall führen oder striegeln.
»Ich werde es doch wohl schaffen, ein Pferd zu putzen, von dem sowieso nur der Kopf richtig zu sehen ist«, hat Tinka sich vorhin schon bei Marlen beschwert.
Aber das hat auch nicht viel genützt.
Heute ist es besonders schlimm mit Marlen. Heute will sie, dass die drei Mädchen immer schön langsam hintereinander im Kreis laufen: erst Julia auf Winona, dann Leonie auf Saluto und zum Schluss Tinka mit Mücke. Aber weil Tinka dazu keine Lust hat, hopst sie weiter kreuz und quer durch die Bahn und steckt damit alle an.
»Müssen wir denn unbedingt Schritt gehen, Marlen?«, fragt Julia schon reichlich lustlos, während sie mit ihrem weißen Plüschpferd über den Rasen schlurft. »Das ist soo langweilig.«
»Ja, find ich auch«, sagt Leonie zaghaft. Sie klopft ihrem verschrammten Holzpferd mit der löchrigen Schrubberborsten-

Mähne den Hals. »Guck mal, Saluto ist doch schon so alt. Dem wird bestimmt bald schwindelig, wenn er noch lange im Kreis herumläuft.«

Mit rotem Kopf und fliegenden Haaren kommt Tinka angehüpft. »Ich weiß etwas viel Besseres!«, ruft sie und bremst so plötzlich vor Julia, dass ihre beiden Steckenpferde mit den Köpfen gegeneinander stoßen. »Wollen wir einen Ausritt machen, Marlen? Einmal um den Block?«

»Oh ja!« Julia und Leonie sind begeistert.

Aber Marlen schüttelt den Kopf. »Nein, wollen wir nicht«, erklärt sie streng. »Heute spielen wir Dressurstunde! Und das heißt nicht ›Marlen‹, das heißt ›Frau Reitlehrerin‹!«

Die Zwillinge gucken sich verblüfft an, und Tinka kichert los. »Das klingt aber affig. Redest du in deiner Reitstunde echt so komisch?«

Marlen kneift die Augen zusammen. »Du kannst das natürlich nicht wissen«, sagt sie. »Du reitest ja nicht richtig.«

Tinka lässt überrascht ihren Steckenpferd-Stock los. »Klar weiß ich das!«, widerspricht sie. »Ich hab schließlich auch schon auf einem Pferd gesessen.«

Darüber rümpft Marlen die Nase. »Ja, aber nur auf einem Ferienbauernhof!«, sagt sie.

Tinka runzelt die Stirn. Der Tag auf dem Bauernhof war Mamas supertolles Geschenk zu Tinkas letztem Geburtstag gewesen.

Tinka durfte auf dem Hof Mücke reiten, ein niedliches, struppiges Shetlandpony. Seitdem bewahrt sie ein paar von Mückes schwarzen Schweifhaaren in ihrer geheimen Schatzkiste auf, die mit den rosa Muscheln auf dem Deckel. Manchmal, vor dem Schlafengehen, riecht Tinka ein bisschen daran. Wenn sie dann die Augen schließt, kann sie sich plötzlich wieder genau vorstellen, wie das war, damals auf Mückes Rücken.

Und jetzt macht Marlen die schöne Erinnerung irgendwie kaputt. »Na und? Lernt man auf einem Bauernhof etwa nicht reiten?«, sagt Tinka gekränkt.

Marlen verzieht das Gesicht und macht nur »Tss!« und »Na ja!«, und da wird Tinka richtig sauer. Sie guckt Leonie und Julia an, ob die das nicht auch total doof finden, wie Marlen sich aufführt. Aber die Zwillinge trauen sich mal wieder nicht, sondern zupfen verlegen an ihren Steckenpferden herum.

»Dann eben nicht«, sagt Tinka. »Dann macht eben alleine weiter mit eurer tollen Reitlehrerin. Die alles besser weiß. Und der nie etwas Lustiges einfällt! Frau Reitlehrerin Marlen Meckerzicke!« Tinka dreht sich um und geht über den Spielplatz, an den Mülltonnen vorbei zum Hauseingang. Ihr Steckenpferd schleift sie achtlos hinter sich her.

»Rattatatatat!« macht der Stock auf dem Betonboden und »Klonk-klonk-klonk!« auf jeder Stufe im Treppenhaus, bis zum dritten Stock hinauf.

»Oh, hat dich etwa dein wilder Mustang abgeworfen?«, fragt Mama, als sie Tinka die Tür öffnet.
Darüber kann Tinka gar nicht lachen. Mit einem Knall landet Mücke im Flur zwischen den Schuhen, dann verschwindet Tinka in ihrem Zimmer. Als Erstes schaltet sie den Kassettenrekorder mit ihrer Lieblingskassette ein und verkriecht sich in ihr Bett.

Nie wieder wird sie mit der blöden Marlen spielen! Und mit Julia und Leonie auch nicht. Sollen die doch mal sehen, wie langweilig das ist, ohne sie!
Dumm ist nur, dass es auch ziemlich langweilig für Tinka ist. Einen Tag lang schmollt sie in ihrem Zimmer vor sich hin. Am

zweiten Tag hat sie nachmittags alle Kassetten gehört, alle Bücher und Zeitschriften durchgeblättert, zwei Bilder gemalt und Mama beim Marmeladekochen geholfen. Jetzt fällt ihr wirklich nichts mehr ein, was sie noch allein anfangen könnte.

Alle fünf Minuten guckt Tinka aus dem Fenster. Draußen ist das allertollste Wetter. Wenn sie ehrlich ist, würde sie am liebsten mit jemandem Pferd spielen. Aber nie im Leben mit Marlen! Bloß, mit wem dann? Unten auf der Straße fährt leider nur der kleine Niklas auf seinem roten Babyrutschauto herum.

Vielleicht hätte sie Marlen doch nicht »Meckerzicke« nennen sollen …

Schlecht gelaunt lässt Tinka ihren dicken Flummi auf dem Wohnzimmerboden springen, obwohl Mama am Computertisch sitzt und nicht gestört werden will.

»Du brauchst dringend frische Luft«, schlägt Mama dann auch ziemlich schnell vor, als sie Tinkas Muffelgesicht sieht. »Und deine Mücke übrigens auch. Guck sie dir mal an, wenn du dir die Schuhe anziehst, ich glaube, der geht es gar nicht gut.«

Tinka geht zögernd in den Flur. Mama hat recht, da liegt ihr Steckenpferd mit der Schnauze mitten in Papas braunem Wanderstiefel! Richtig traurig sieht das aus.

»Arme Mücke, das hat bestimmt ganz schlecht gerochen«, sagt Tinka und hebt das Steckenpferd auf. »Pass auf, wir suchen jetzt schönes frisches Gras für dich.«

Gerade als sie die Haustür aufmachen will, klingelt es. Julia, Leonie und Marlen stehen draußen, mit ihren Steckenpferden im Arm.

»Kommst du raus?«, fragen Julia und Leonie fast gleichzeitig.

»Ja, klar!« Im ersten Moment freut sich Tinka so, dass sie den Streit ganz vergisst. Dann schaut sie misstrauisch von den Zwillingen zu Marlen hinüber. Die sagt ausnahmsweise gar nichts, und ihre Reitgerte hat sie heute auch nicht dabei. Vielleicht ist das ein gutes Zeichen. Oder nicht? Das möchte Tinka doch lieber genauer wissen.

»Aber wir spielen nicht schon wieder Reitstunde, oder?«, fragt sie vorsichtig.

Marlen schüttelt den Kopf, dann lächelt sie ein bisschen. »Nö, immer das Gleiche wird irgendwie langweilig …«, gibt sie zu.

»Ähm, wie wäre es mit einem Ausritt? Oder was du willst. Du kannst heute aussuchen …«

Jetzt strahlt Tinka zufrieden. Schwungvoll klemmt sie sich Mücke zwischen die Beine. »Okay, dann reiten wir zur Bäckerei. Mücke braucht ganz dringend ein Rosinenbrötchen!«

Die aufgefressenen Strohhüte

 von
Dimiter Inkiow

In den Sommerferien sind wir nach Holland gefahren. Ich und Papa und Mama und auch meine Schwester Klara. Unser Kater Kasimir und der Dackel Schnuffi durften nicht mit, was sie uns immer noch übel nehmen.

Es war ein sehr heißer Sommer in Holland. Die Sonne schien so sehr, dass ich und meine Schwester Klara gleich am ersten Tag einen Sonnenbrand bekamen. Wir sahen aus wie zwei rote Tomaten.

Mama sagte: »Die Kinder brauchen Strohhüte. Ich habe in der Nähe einen Kiosk gesehen, wo man Strohhüte verkauft. Gehen wir Strohhüte kaufen.«

So haben ich und meine Schwester Klara zwei sehr schöne Strohhüte bekommen.

»Mein Strohhut ist viel schöner als deiner!«, rief ich sofort Klara zu.

Und sie rief zurück: »Stimmt nicht! Stimmt nicht! Meiner ist viel schöner!«

Ich habe noch zweimal geschrien, dass mein Strohhut viel schöner ist, bis Mama sagte: »Schluss jetzt! Seid wenigstens so lange ruhig, bis ich für Papa und mich auch einen Strohhut gefunden habe.«
So mussten wir ganz ruhig sein, was sehr schwer ist, wenn man einen so schönen Strohhut auf dem Kopf hat. Außerdem kitzelte mich mein Sonnenbrand sehr. Was sollte ich tun?
Ich schaute mich um und sah hinter dem Kiosk, in dem die Strohhüte verkauft wurden, ein Pony. Es hatte genau so eine Farbe wie die Strohhüte, und es war klein und dick. Als es mich sah, schaute

es mich neugierig an. Es versuchte, zu mir zu kommen, aber das ging nicht, weil es mit einem Strick an einen Baum gebunden war.
»Mensch, ein Pony!«, rief ich begeistert, weil ich Ponys gerne mag. »Wie heißt du?«, fragte ich und ging sofort zu ihm hin.
Das Pony zeigte mir seine großen Zähne, als würde es ein bisschen lachen. So ein liebes Pony hatte ich vorher noch nie gesehen. Ich habe es zwischen den Ohren gestreichelt, und das Pony freute sich so sehr, dass es wieherte. Und dann – dann streckte es seinen Hals vor und schnappte sich meinen Strohhut. In Windeseile war er in seinem großen Maul verschwunden.
Und ich konnte nichts machen, nur zuschauen, wie das Pony genüsslich meinen schönen Strohhut auffraß.
»Was hast du denn gemacht?«, rief ich. »Bist du verrückt geworden?«
Sofort lief ich zu Klara. »Ein Pony hat mir gerade meinen Hut vom Kopf gefressen!«
Klara glaubte es mir nicht. »Wo ist denn das Pony?«
»Hier!«
Ich führte sie hinter den Kiosk. Klara schaute sich das Pony an, und jetzt glaubte sie es erst recht nicht. »Dieses liebe Pony soll deinen Hut gefressen haben? Du lügst, dass sich die Balken biegen!«
Sie streichelte es zwischen den Ohren, genau so wie ich vorher.
Das Pony zeigte seine großen Zähne und wieherte. Dann machte es plötzlich seinen Hals lang, und schon war die Hälfte von Klaras

Strohhut in seinem Maul verschwunden. Klara blieb mit offenem Mund stehen. Dann stürzte sie sich auf die andere Strohhuthälfte, die noch aus dem Maul des Ponys hing, und zog mit beiden Händen daran. Ich half ihr dabei.

So haben uns Papa und Mama gefunden. Sie hatten jeder einen schönen großen Strohhut auf dem Kopf. »Was ist denn hier los?«, fragten sie.

»Bleibt weg!«, schrien wir. »Es frisst Strohhüte! Kommt nicht in seine Nähe! Einen hat es schon aufgefressen. Dies ist der zweite.«

Papa seufzte.

»Mein Gott, die Hüte haben eine Menge Geld gekostet«, sagte er. »Wer wird uns das ersetzen?«

»Der Ponybesitzer«, meinte Mama.

Der Ponybesitzer, ein kleiner alter Mann, kam plötzlich von irgendwoher angelaufen.

»Ich kann das nicht bezahlen«, sagte er und stöhnte. »Es tut mir leid. Balduin hat die schlimme Angewohnheit, alle Strohhüte zu fressen, die vor sein Maul kommen. Warum sind Sie auch in seine Nähe gegangen?«

Das Pony stand die ganze Zeit mit hängendem Kopf da, als ob es sich schämte.

»Wir wussten ja nicht, dass er Strohhüte frisst«, sagte Klara.

»Doch, du wusstest es wohl«, sagte ich zu ihr. »Du hast es mir nur nicht geglaubt.«

Ich hatte kaum den Satz zu Ende gesprochen, da hob das Pony, das die ganze Zeit beschämt zu Boden geschaut hatte, seinen Kopf, machte zwei Schritte auf Papa zu, und plötzlich verschwand auch Papas Strohhut in seinem Maul.

Papa versuchte gar nicht erst, seinen Strohhut zu retten. Er schaute nur fassungslos zu, wie das Pony kaute.

»Du Teufel!«, schimpfte der alte Ponybesitzer.

Was sollten wir jetzt tun? Weil der alte Ponybesitzer kein Geld hatte, meinte Klara, das Pony sollte selbst die von ihm gefressenen Hüte zurückzahlen.

»Aber wie?«, fragte ich.

»Ganz einfach. Wir beide werden jeden Tag auf ihm reiten.«

»Gut«, sagte ich. »Das ist eine sehr gute Idee! Hörst du, Pony, wir werden jeden Tag auf dir reiten. Hast du mich verstanden?«

Jetzt hatten wir für unsere Ferien keine Strohhüte mehr. Aber wir hatten ein Pony.

Und das war viel schöner.

Der Apfeldieb

von
Marliese Arold

»Halt, mein Kopfkissen!«, schreit Christiane und kriecht noch mal ins Auto zurück. Ohne ihr Kissen kann sie bei Oma und Opa nicht schlafen.

Ihr Bruder Benjamin wartet neben dem Auto. Er ist ganz stolz auf sein neues Ziehköfferchen. Da hat alles reingepasst, was er für eine Woche Ferien braucht. Nur der große Teddy nicht – den hält Benjamin fest im Arm.

»Fertig?«, fragt Papa und klappert mit den Autoschlüsseln.
Christiane nickt. Sie schleppt schwer: den Rucksack, die große
Tasche, das Kopfkissen und ihren riesigen Lieblingsaffen.
Papa grinst. »Sieht ganz so aus, als wolltest du für immer bei Oma
und Opa bleiben.«
Christiane streckt ihm frech die Zunge raus. Papa weiß ganz
genau, dass es nirgendwo schöner ist als bei Mama und Papa.
Aber weil die Eltern nach Amerika fliegen, sollen Christiane und
Benjamin eine Woche lang bei Oma und Opa bleiben.
Die Großeltern wohnen in einem kleinen Dorf. Sie haben ein Haus
mit einem großen Garten. Auf den Garten ist Opa Rudi besonders
stolz. Jedes Mal, wenn Christiane und Benjamin zu Besuch kommen, führt er sie herum und zeigt, was er neu gepflanzt hat. Oder
er macht sie darauf aufmerksam, welche Blumen gerade besonders
schön blühen oder wie groß die Bäume geworden sind.
Christiane und Benjamin gefällt es bei den Großeltern. Am besten
finden sie die Schildkröte Theodor. Die ist schon über dreißig
Jahre alt und so groß wie ein Teller. Wenn die Sonne scheint, marschiert Theodor ganz munter durch den Garten, und man muss
aufpassen, dass er nicht wegläuft. Aber wenn es regnet, zieht
Theodor den Kopf ein und schläft die meiste Zeit.
Die Geschwister würden Theodor am liebsten mit nach Hause
nehmen, aber sie wohnen in der Stadt, und in ihrer Wohnung
dürfen sie leider keine Tiere halten.

Auf dem kleinen Balkon würde sich Theodor sicher auch gar nicht wohlfühlen.

Oma und Opa freuen sich sehr, dass ihre Enkel wieder einmal da sind. Und noch dazu eine ganze Woche!

Papa muss leider gleich wieder in die Stadt zurückfahren. Nachdem sich Christiane und Benjamin von ihm verabschiedet haben, beginnt Opa Rudi mit seiner üblichen Führung durch den Garten. Am Zaun wächst ein kleines Apfelbäumchen. Im letzten Jahr war es noch genauso groß wie Christiane. In diesem Jahr ist das Apfelbäumchen schon größer, obwohl auch Christiane tüchtig gewachsen ist.

»Schaut mal«, sagt Opa Rudi und deutet auf das Apfelbäumchen.

»Fällt euch was auf?«

»Das Bäumchen ist größer als ich«, sagt Christiane.

Benjamin entdeckt, dass vier Äpfel an dem Bäumchen hängen.

»Das Bäumchen trägt dieses Jahr das erste Mal«, sagt Opa Rudi stolz. »Vier Äpfel! Für wen sind die wohl?«

Das ist nicht schwer zu erraten!

»Einen für mich und einen für Christiane«, zählt Benjamin auf.

»Und einen für Opa und einen für Oma.«

»Genau.« Opa Rudi lacht.

»Und Theodor bekommt von jedem ein Stückchen ab«, meint Christiane. Gerechtigkeit muss sein. Schließlich gehört Theodor auch zur Familie!

Die Äpfel sind so schön rot und glänzen. Benjamin hätte sie am liebsten gleich abgepflückt, aber Opa Rudi schüttelt den Kopf.

»Sie sind noch nicht ganz reif«, sagt er. »Lass sie noch ein paar Tage am Baum. Am Tag, bevor ihr abreist, dürft ihr ernten.«

Benjamin und Christiane sind einverstanden. Sie laufen ins Haus zu Oma. In der Küche riecht es herrlich nach frisch gebackenem Kuchen. Christiane findet, dass Oma Elfriede den besten Kuchen der Welt backt. Und Benjamin sagt, dass nirgendwo der Kakao besser schmeckt.

Am Nachmittag sind Christiane und Benjamin sehr beschäftigt. Zuerst müssen sie auf dem alten Dachboden stöbern. Einen Schatz finden sie zwar nicht, aber Christiane entdeckt ein altes Pferdchen

aus Bronze und Benjamin einen Karton mit Fotos. Dann graben sie mit Opa im Garten Kartoffeln aus. Vor dem Abendessen steckt Oma die Kinder in die Badewanne. Es lohnt sich: Das Wasser wird ganz braun! Später gucken sie die alten Fotos vom Dachboden an, und Oma erzählt dazu viele Geschichten, bis Christiane und Benjamin die Augen zufallen.

»Jetzt aber marsch ins Bett!«, sagt Opa Rudi.

Am nächsten Morgen scheint wieder die Sonne. Benjamin und Christiane laufen noch vor dem Frühstück in den Garten, um Theodor frischen Salat zu bringen. Dann will sich Benjamin noch einmal die schönen Äpfel anschauen.

Christiane bleibt bei Theodor und streichelt seinen tellergroßen Panzer.

»Christiane!«, schreit Benjamin ganz aufgeregt vom Zaun. »Komm schnell her!«

Christiane setzt die Schildkröte in ihren Bretterstall zurück und rennt los. Benjamin steht vor dem kleinen Apfelbäumchen. Er hat Tränen in den Augen.

»Schau«, sagt er und deutet auf die Zweige.

Christiane schnappt nach Luft. Es hängt kein einziger Apfel mehr am Baum!

»Alle geklaut!«, sagt Benjamin. »So ein gemeiner Dieb!«

Aufgeregt laufen sie ins Haus zurück und erzählen den Großeltern von dem Raub.

»Bestimmt ist nachts jemand über den Zaun geklettert und hat die Äpfel gestohlen«, sagt Christiane empört.

»Und wie gemein, gleich alle mitzunehmen«, meint Benjamin. Er ballt die Fäuste. »Wenn ich den erwische!«

Oma und Opa gucken sich an. Dann fangen sie an zu lachen.

»Ich kann mir schon denken, wer es gewesen ist«, sagt Opa.

»Ich hab mich sowieso schon gewundert, dass die Äpfel so lange hängen bleiben«, sagt Oma. »So verfressen, wie der kleine Schelm ist.«

Benjamin und Christiane verstehen jetzt gar nichts mehr.

Opa und Oma kennen den Dieb? Und sie sind ihm nicht einmal böse?

»Nach dem Frühstück legen wir uns auf die Lauer«, sagt Opa Rudi und zwinkert. »Ich hab das Gefühl, dass der Apfeldieb noch einmal wiederkommt.«

Am liebsten wären Christiane und Benjamin sofort in den Garten gelaufen, aber zuerst müssen sie frühstücken. Als sie endlich fertig sind, bringt Oma Elfriede noch zwei Mohrrüben.

»Ich platze gleich«, sagt Christiane, verdreht die Augen und klopft auf ihr Bäuchlein. »Da passt jetzt keine Möhre mehr rein.«

»Die Rüben sind auch nicht für euch, sondern für den Dieb«, erklärt Oma.

»Für den Dieb?«, fragt Benjamin verwundert. »Für einen Hasen?«

»Wart's ab«, sagt Opa Rudi geheimnisvoll.

34

Sie gehen in den Garten. »Schaut mal«, sagt Opa und deutet über den Zaun.

Im letzten Jahr war da noch eine wilde Wiese. Jetzt ist das Gras viel kürzer, die Wiese ist mit einem Elektrozaun eingezäunt, und in der Ecke steht ein hölzerner Schuppen.

Gestern haben Christiane und Benjamin gar nicht so darauf geachtet, aber jetzt sehen sie, dass sich im Schuppen etwas bewegt. Etwas Weißes …

»Ein Pony!«, schreit Benjamin begeistert.

In dem Moment streckt das Pony seinen Kopf aus dem Schuppen. Es sieht die Kinder, die am Zaun stehen, und trabt neugierig herbei.

»Ihr dürft ihm die Möhren geben«, sagt Opa und zeigt den Geschwistern, wie man es richtig macht: auf der flachen Hand.

Dabei neckt er das Pony ein bisschen, bis es gierig den Hals ganz lang macht.

Jetzt wird Christiane alles klar: Der Dieb war kein anderer als das weiße Pony! Es hat sich über den Zaun gelehnt und die schönen roten Äpfel – einen nach dem anderen – direkt vom Baum gefressen!

»Du Fresssack!«, sagt Benjamin, aber es klingt überhaupt nicht böse. »Weißt du denn nicht, dass die Äpfel für uns waren?«

Christiane hat eine Idee. »Als Strafe musst du uns auf dir reiten lassen!«

Sie hat sich schon immer gewünscht, einmal auf einem Pony zu reiten. Noch dazu auf einem ganz weißen.

»Sobald ich den Besitzer sehe, werde ich ihn fragen«, verspricht Opa Rudi. »Ich bin sicher, dass er nichts dagegen hat.«

»Klasse!«, sagt Christiane. »Dann hole ich unserem Pony jetzt noch einen schönen Apfel aus Omas Vorratskammer.«

Das faule Zwergpony Trude
von
Anja Fröhlich

Trude ist das älteste Pony im Stall. Sie ist schon zwölf Jahre alt und dabei immer noch nicht größer als ein großer Hund. Aber sie ist viel dicker als ein großer Hund.
Ihr Bauch sieht aus, als hätte sie eine kleine Tonne verschluckt. Und ihr Fell ist weiß mit schwarzen Flecken und immer ein bisschen dreckig.
Trude ist ein Zwergpony und wurde von Bauer Bernhard gekauft, damit auch die ganz kleinen Kinder auf seinem Hof reiten können. Er hat für Trude beim Sattler extra einen ganz kleinen roten Sattel machen lassen. Mit einem Knauf aus Eisen, an dem sich die Kinder festhalten können, so wie die Cowboys auf ihren wilden Pferden. Aber Trude ist nicht wild. Im Gegenteil. Weil sie das älteste Pferd im Stall ist, ist sie auch das faulste Pferd. Und wenn Bauer Bernhard sie von der Wiese holt, um ein kleines Kind auf ihren Rücken zu setzen, dann bekommt sie manchmal richtig schlechte Laune. Weil der Sattelgurt um ihren Tonnenbauch drückt wie ein zu enger Gürtel. Und weil sie lieber noch ein biss-chen

mümmeln möchte und ihre Nase ins weiche Gras drücken möchte, sodass die Grashalme in ihren alten Nasenlöchern kitzeln …

Dabei mag Trude kleine Kinder eigentlich ganz gerne. Sie glaubt nämlich, Kinder wären die Ponys unter den Menschen. Und ganz kleine Kinder, denkt sie, müssen dann die Zwergponys sein – nur eben in Menschenform.

Trude weiß nicht, dass alle Kinder wachsen und eines Tages so groß werden wie Bauer Bernhard. Oder wenigstens fast so groß. Denn Bauer Bernhard ist so groß, dass er sich schon mehrmals an der Tür zu Trudes Box den Kopf gestoßen hat und dann laut schimpfend durch den Stall gehüpft ist.

Also, Trude hat keine Ahnung, dass aus Kindern große Leute werden. Ganz einfach deshalb, weil die Kinder, die auf Trude reiten, nach ein oder zwei Wochen immer wieder verschwinden. Sie machen Ferien auf Bernhards Bauernhof und fahren danach wieder nach Hause. Darum kann Trude natürlich auch nicht sehen, wie sie wachsen.

Eines Tages kommt ein kleines Mädchen auf den Bauernhof, das hat auch einen dicken Bauch. Allerdings nicht so dick wie eine Tonne, sondern eher wie eine halbe Wassermelone. Das Mädchen heißt Luisa und ist das Enkelkind von Bauer Bernhard. Sie wohnt mit ihrer Mutter in einem Gästezimmer auf dem Bauernhof. Aber sie reist nicht nach zwei Wochen wieder ab. Auch nicht nach vier

Wochen. Luisa bleibt den ganzen Sommer über. Und sie kommt jeden Tag zu Trude auf die Wiese, rupft ein paar Löwenzahnblätter und hält sie dem Pony auf der flachen Hand zum Fressen hin. Dann holt sie einen Kamm aus ihrer Tasche und versucht, Trudes Mähne zu frisieren. Leider hat Luisa keine weiche Pferde-

bürste, sondern nur diesen Puppenkamm aus rosa Plastik. Das ziept ganz schön, vor allem da, wo Dreck in der Mähne klebt. Aber Trude ist zu faul, um sich zu wehren. Und je öfter Trude von ihrer neuen Pony-Friseurin frisiert wird, desto weniger Knoten gibt es in ihrer Mähne.

Trude mag an Luisa besonders, dass sie gar nicht auf ihr reiten will. Luisa will nur schmusen, und manchmal zieht sie Trudes Ohr ein Stückchen zu sich heran und flüstert etwas hinein. Dann spürt das Pony den warmen Atem des Mädchens. Einmal hat Luisa sich sogar auf Trudes Rücken gelegt und ist dort eingeschlafen. Trude hat gar nicht mehr gewagt, sich zu bewegen. Aber irgendwann hat sich eine Fliege auf Trudes Po gesetzt, und das hat so gekitzelt, dass Trude sie mit ihrem Schweif fortjagen musste. Luisa ist wieder aufgewacht und hat Trude ganz zart am Hals gestreichelt.

Trude denkt, dass dies der schönste Sommer ihres Lebens ist. Doch plötzlich macht sie eine merkwürdige Entdeckung. Als Trude wieder einmal an einer Handvoll Löwenzahn herumknabbert, fällt ihr Blick auf Luisas Sandalen. Trude verschluckt sich fast vor Schreck. Denn Luisas Zehen, die am Anfang des Sommers nur ein klitzekleines Stück unter dem vordersten Riemen herausschauten, sind bis über den Rand der Sandale hinausgewachsen. Trude tritt ein Stück zurück und sieht sich die ganze Luisa an. Tatsächlich, auch Luisas Körper hat sich ein wenig verändert. Ihr Wassermelonenbauch ist weg. Es ist fast so, als hätte man ihn in die Länge gezogen. Und ihre Haare sind jetzt so lang, dass Luisa sie zu einem richtigen Pferdeschwanz zusammenbinden kann. Nur Fliegen verjagen scheint sie mit ihrem langen Schweif noch nicht zu können.

Trude muss nachdenken, und dabei wird sie ganz traurig. Vielleicht ist Luisa gar kein menschliches Zwergpony. Vielleicht ist sie ein menschliches Pferd und wird eines Tages so groß, dass sie sich an der Stalltür den Kopf stößt und schimpfend herumhüpft. Dann wird sie sich sicher nicht mehr zu Trude herunterbücken und ihr zärtlich ins Ohr hauchen. Dann schmust sie höchstens noch mit Wolli oder Blitz. Jedenfalls mit einem der großen Pferde aus den Nachbarboxen. Trude wird es ganz schwer ums Herz bei dem Gedanken. Und plötzlich hat sie keinen Hunger mehr auf den Rest des Löwenzahns, der sich auf Luisas Hand befindet.
In den folgenden Tagen ist Trude richtig bockig. Einmal beißt sie Bauer Bernhard ins Hosenbein, als er wieder eins der fremden kleinen Kinder auf ihr reiten lassen will. Einmal reißt sie dem armen Wolli eine saftige Möhre aus dem Maul. Und sogar zu Luisa ist sie kratzbürstiger als der rosa Puppenkamm. Aber Luisa kommt trotzdem jeden Tag. Sie streichelt Trude über die weiche Nase, aus der einzelne Haare so dick wie Grashalme sprießen, und legt ihre Arme um Trudes gut frisierten Hals.
»Ach, Trudelchen«, sagt Luisa. »Du bist der liebste Mensch auf der ganzen Welt.« Leider kann Trude ihre Worte nicht verstehen, weil sie natürlich in Wirklichkeit gar kein Mensch ist und auch die Menschensprache nicht versteht. Trude versteht nur ganz wenige Wörter. So was wie Schritt, Trab und Galopp, das kennt Trude. Und ihren Namen natürlich.

Als der Sommer schon längst vorbei ist und Trude die Nächte wieder im Stall verbringt, ist Luisa immer noch nicht weg. Da kommt Bauer Bernhard eines Morgens mit einem ganz langen roten Band in Trudes Box. Und während er Trude mit einem dicken Apfel besänftigt – er hat nämlich immer noch ein wenig Angst vor ihr wegen dem Biss ins Hosenbein –, versucht er ganz vorsichtig, das glänzende rote Band um ihren Bauch zu wickeln. Als er es geschafft hat, bindet er auf ihrem Rücken eine dicke rote Schleife, ganz so, als wäre Trude ein Geschenk. Dann läuft er aufgeregt hinaus und ruft Luisa, die zusammen mit ihrer Mutter in den Stall gelaufen kommt.

»Hier ist dein Geburtstagsgeschenk!«, ruft Bauer Bernhard und hätte sich beinahe wieder den Kopf gestoßen, so aufgeregt ist er in Trudes Box gehopst.

Er zeigt mit dem Finger auf Trude und sagt noch einmal ganz laut: »Für dich!«

Wie gesagt, Trude versteht nicht viel von der Menschensprache. Aber die Worte »für dich« versteht sie, seit sie ein Baby-Zwergpony war. »Für dich« bedeutet, dass einem ein Apfel, eine Möhre oder ein Zuckerstückchen ganz allein gehört. Und wenn Trude jetzt ganz allein nur Luisa gehört, dann muss Luisa auch immer für Trude da sein.

Komischerweise hat Luisa ein paar Tränen in den Augen. Aber sie lacht auch und fällt Trude um den Hals. Dann schnappt sie sich

eins von Trudes Ohren und flüstert: »Meine liebe Trudi! Jetzt gehören wir zusammen. Für immer. Solange wir leben!«
Das kann Trude natürlich nicht verstehen. Das heißt, sie versteht die einzelnen Worte nicht. Aber sie kann ein bisschen fühlen, was Luisa meint. Sie fühlt, dass Luisa ihr auch etwas von sich geschenkt hat. Nämlich ganz viel von ihrer Liebe. Und die kann vielleicht ja sogar mitwachsen, bis Luisa so groß ist, dass sie an Trudes Tür den Kopf einziehen muss.

Ein Pony kommt zum Tee
 von
Maja von Vogel

»Ich geh schaukeln«, ruft Paula und läuft in den Garten.
Paula schaukelt für ihr Leben gern. Aber als sie heute in den Garten kommt, bleibt sie kurz vor der Schaukel so plötzlich stehen, als hätte sie eine böse Fee – schwuppdiwupp! – in einen Stein verwandelt. Zum Glück gibt es böse Feen natürlich nur im Märchen, und Paula wird nicht wirklich zu Stein. Es sieht nur so aus, weil sie einen ganz schönen Schreck bekommen hat.
Vor der Schaukel steht nämlich ein Ungeheuer.
»He!«, ruft Paula mit zitternder Stimme. »Was machst du da? Das ist meine Schaukel!«
Das Ungeheuer wiehert. Ein wieherndes Ungeheuer? Moment mal, da stimmt doch was nicht … Paula sieht sich das Ungeheuer genauer an. Es hat einen großen Kopf, vier kurze Beine, vier Hufe, einen dicken Bauch, eine Mähne und einen Schweif. Ganz klar: Das Ungeheuer ist ein Pferd!
Puh, da ist Paula aber ziemlich erleichtert. Vor Ungeheuern fürchtet sie sich nämlich ein bisschen. Bei denen weiß man nie so

genau, woran man ist. Die meisten tun einem zum Glück nichts. Sie ziehen nur unheimliche Grimassen und wollen einen erschrecken. Manchmal versteckt sich ein Ungeheuer unter Paulas Bett. Das weiß sie genau, auch wenn Papa behauptet, dass es keine Ungeheuer gibt.

Vor Pferden fürchtet sich Paula auch ein bisschen. Aber nicht so sehr wie vor Ungeheuern. Pferde ziehen schließlich keine unheimlichen Grimassen. Und unter Betten verstecken sie sich auch nicht. Zumindest glaubt Paula das. Genau wissen tut sie es nicht, sie hat nämlich bis jetzt noch nie ein Pferd persönlich kennengelernt. Vielleicht sollte ich mich erst einmal vorstellen, denkt Paula.

»Guten Tag«, sagt sie. »Ich heiße Paula.«

Das Pferd wiehert und macht eine Verbeugung. Es ist ein sehr höfliches Pferd. Und gut gekleidet. Es hat nämlich einen Hut auf dem Kopf. Einen roten Hut mit zwei Löchern, aus denen die Ohren herausgucken. Sein Fell ist so braun wie eine Tafel Vollmilchschokolade und glänzt in der Sonne. Paula geht einmal um das Pferd herum.

»Tut mir Leid, dass ich dir das sagen muss«, sagt sie. »Aber für ein Pferd bist du ganz schön klein.«

Das Pferd wiehert und schüttelt den Kopf.

»Doch, doch«, sagt Paula. »Wirklich! Ich kenn mich zwar nicht so genau aus, aber ich glaube, richtige Pferde sind viel größer als du. Bist du vielleicht ein Pony?«

Das Pferd wiehert wieder. Es klingt wie ein »Ja«.
»Aha«, sagt Paula zufrieden. »Gut, dass wir das geklärt haben.«
Vor Ponys fürchtet sich Paula nämlich noch weniger als vor
Pferden. Weil Ponys kleiner und netter sind. Und dieses Pony ist
besonders nett. Es sieht Paula mit seinen großen, braunen Augen
an und schnaubt ihr direkt ins Gesicht. Das kitzelt, und Paula
muss lachen.

»Es ist wirklich nett, dass du mich besuchen kommst«, sagt sie und streicht mit der Hand über das Ponyfell. Es fühlt sich warm und weich an.

Dann fällt ihr ein, dass man Gästen ja auch etwas anbieten muss. Wie unhöflich von ihr, dass sie nicht eher daran gedacht hat! Mama und Papa holen immer Tee und Kekse, wenn Besuch kommt. Schnell läuft Paula in die Küche und nimmt eine Packung Schokoladenkekse aus dem Schrank.

»Was machst du denn da?«, fragt Papa.

»Ich hole Tee und Kekse«, sagt Paula. »Für das Pony.«

Papa kratzt sich am Kopf. »Was für ein Pony?«

»Das Pony, das im Garten steht, natürlich«, erklärt Paula. »Es ist zu Besuch da. Es ist klein und dick und hat einen Hut auf dem Kopf.«

»Einen Hut?«, fragt Papa. Dann zwinkert er Paula zu. »Ach so, das Pony meinst du. Jetzt verstehe ich. Aber die Kekse lässt du besser hier. Ponys mögen lieber Gras und Wasser.«

»Ach so«, sagt Paula. »Na gut.«

»Schöne Grüße an das Pony«, sagt Papa und lacht.

Als Paula wieder in den Garten kommt, hat sich das Pony schon selbst bedient. Es zupft gerade ein paar Grasbüschel und eine Butterblume vom Rasen. Dann kaut es zufrieden.

»Na, das hat dir wohl zu lange gedauert, was?«, sagt Paula. »Warte, ich hol dir noch was zu trinken.« Sie schöpft mit einem alten Blumenübertopf Wasser aus der Regentonne und stellt den Topf vor das Pony hin.

Das Pony frisst und trinkt. Dann lässt es ein paar Pferdeäpfel fallen. Mitten auf den Rasen!

»He!«, ruft Paula. »Das macht man aber nicht! Schon gar nicht, wenn man zu Besuch ist.«

Das Pony senkt den Kopf. Bestimmt tut es ihm leid.

»Na gut«, sagt Paula. »Ist ja nicht so schlimm.«

Das Pony wiehert und fängt an, im Kreis herumzulaufen. Immer um die Schaukel herum. Erst geht es ganz langsam im Schritt,

dann fängt es an zu traben, und schließlich galoppiert es mit wehender Mähne. Paula klatscht begeistert.

»Super!«, ruft sie. »Du bist ja fast so schnell wie der Wind!«
Aber das ist noch nicht alles. Zum Schluss führt ihr das Pony einen richtigen kleinen Tanz vor. Es trippelt auf seinen Hufen leichtfüßig vor und zurück. Das sieht lustig aus. Vor allem, weil der dicke Ponybauch dabei hin und her schwappt wie eine Schüssel Wackelpudding. Nach einer Weile bleibt das Pony schnaufend stehen.

»Das war eine tolle Vorführung«, sagt Paula. »Arbeitest du vielleicht beim Zirkus?« Das Pony nickt mit dem Kopf.

»Aha«, sagt Paula. »Das merkt man gleich. So gut wie du kann bestimmt kein anderes Pony tanzen. Vielleicht komme ich dich mal im Zirkus besuchen. Das wäre doch lustig, oder?«
Das Pony nickt wieder. Dann wiehert es noch einmal zum Abschied und trabt davon. Paula winkt ihm hinterher.
Kaum ist das Pony um die Ecke verschwunden, kommt Papa in den Garten.

»Schade«, sagt Paula. »Jetzt hast du das Pony verpasst. Es ist gerade wieder gegangen. Es musste zurück zum Zirkus.«
»So, so«, sagt Papa. »Ein Zirkuspony mit einem Hut auf dem Kopf – das hat man wirklich nicht alle Tage im Garten. Zu dumm, dass es nicht noch etwas bleiben konnte. Ich hätte es gerne kennengelernt.«

»Ja, zu dumm«, sagt Paula. »Also, ich geh jetzt schaukeln. Pass auf, dass du nicht in die Pferdeäpfel trittst.«

»Welche Pferdeäpfel?«, fragt Papa.

Paula zeigt auf den Rasen. »Na, die da. Die hat das Pony fallen gelassen. Aber hinterher hat es ihm leidgetan.«

»Aha«, sagt Papa und starrt die Pferdeäpfel an.

Dann sagt er erst mal eine Weile gar nichts mehr.

Paula auf dem Ponyhof

von

Ursel Scheffler

»Ponyhof! Ponyhof! Ich darf auf den Ponyhof!«, ruft Paula und wirbelt durch die Wohnung.

»Da gehörst du auch hin«, motzt Titus. »Trampelst herum wie ein Pferd und hast 'ne Meise unterm Pony!«

»Grrr! Du bist ja nur neidisch!«, faucht Paula.

»Pferde, das ist was für Mädchen«, sagt Titus abfällig.

»Und für Cowboys und echte Männer!«, ruft Paula. »Du Backpflaume!!!«

Und dann verschwindet sie schnell. Der Turnschuh, den Titus wirft, trifft nur noch die Tür.

Das Tollste ist, dass Paulas beste Freundin Sine mitkommen darf. Stundenlang hängen die beiden Mädchen am Telefon und besprechen, was sie alles einpacken müssen.

»Jeans und Pullover reichen«, meint Paula schließlich.

»Reitkappen und Stiefel hat Tante Elfi.«

Paulas Lieblingstante richtet gerade einen Ponyhof für Kinder ein. Paula und Sine sind die ersten Gäste.

Tante Elfi steht schon am Hoftor, als Paulas Papa die beiden Mädchen abliefert.

»Sind die Ponys im Stall?«, fragt Paula.

»Die sind noch auf der Weide hinter dem Haus«, sagt Tante Elfi.

»Das ist mein Liebling«, sagt Paula. Sie bleibt vor einem braunen Pony mit einer weißen Blesse stehen. »Es heißt Sternschnuppe!«

»Und wie heißt das weiße Pony?«, fragt Sine.

»Snoopy«, erklärt Paula. Sie winkt mit einer Möhre. Da kommt Snoopy angelaufen. Er schiebt sein Maul in Paulas Hand. Es ist warm und weich.

»Dürfen wir gleich reiten?«, fragt Paula.

»Meinetwegen«, sagt Tante Elfi. »Jan hilft euch beim Satteln. Stiefel und Kappen sind in der Reitkammer.«

Paula mag Jan. Er ist ihr Vetter.

»Jan ist fünf Jahre älter und fünfmal netter als Titus«, sagt Paula zu Sine.
Jan hat Paula vor einiger Zeit das Reiten beigebracht. Jetzt hilft er Sine in den Sattel. »Snoopy ist lieb. Aber halt dich trotzdem gut fest«, sagt Jan zu Sine. Dann reitet er mit den beiden Mädchen los. Sine war im letzten Jahr schon auf einem Ponyhof. Aber sie kann noch nicht so gut reiten wie Paula. Deshalb bleibt Jan immer ganz nah bei ihr.
Am Bach entlang reiten sie ein Stück im Trab. Ein Kaninchen hoppelt über den Weg. Snoopy erschrickt und bleibt plötzlich stehen. Sine fällt kopfüber ins Gras. Zum Glück ist nichts passiert. »Wie gut, dass du die Reitkappe aufhast!«, sagt Jan erleichtert und hilft ihr beim Aufstehen.

Fast ist Paula ein bisschen eifersüchtig, weil Jan sich nur um Sine kümmert! Aber dann reitet er zu Paulas Lieblingsplatz, einer kleinen Waldwiese. Dort sind ein paar Hindernisse aus Baumstämmen aufgebaut. Paula darf mit Sternschnuppe darüberspringen. Sine noch nicht.

»In zwei bis drei Tagen vielleicht«, sagt Reitlehrer Jan.

Als sich die Sonne hinter dem Waldrand versteckt, reiten sie zurück zum Hof.

»Es war wunderschön!«, sagt Sine zu Jan, und ihre Augen leuchten.

»Ja, es war wunderschön«, sagt Paula und legt beide Arme um Sternschnuppes Hals.

»Nach dem Vergnügen kommt die Arbeit«, sagt Jan.

Jetzt müssen sie absatteln, die Pferde abreiben, füttern, tränken und die Hufe auskratzen. Paula verteilt frisches Stroh in den Boxen. Dann führen sie die Pferde in den Stall. Jan sperrt das Stalltor ab.

»Das machst du doch sonst nicht?«, wundert sich Paula.

»Es ist besser so«, sagt Jan ernst. »Seit einiger Zeit treibt sich ein Pferdedieb in der Gegend herum. Gestern wurde bei unseren Nachbarn eine trächtige Stute gestohlen.«

»Was heißt eigentlich trächtig?«, fragt Sine abends beim Zähneputzen.

»Trächtig heißt, dass die Stute ein Baby erwartet«, erklärt Paula.

Die Mädchen liegen noch lange wach und erzählen sich Geschichten. Endlich schlafen sie ein.
Und dann hört Paula seltsame Geräusche, mitten in der Nacht! Sie klettert aus dem Bett und läuft ans Fenster. Oje! Da schleicht eine dunkle Gestalt über den Hof!

Der Schein einer Taschenlampe fällt auf die Stalltür.
»Sine, wach auf!«, ruft Paula aufgeregt und zieht Sine die Bettdecke weg. »Da ist einer auf dem Hof! Bestimmt der Pferdedieb! Wir müssen Tante Elfi wecken!«

Geräuschlos wie zwei Nachtgespenster schleichen die beiden über den Flur zum Schlafzimmer von Tante Elfi und Onkel Alf. Vorsichtig öffnen sie die Tür.

»Tante Elfi? Onkel Alf?«, flüstert Paula.

Niemand antwortet.

Paula macht das Licht an. Die Betten von Tante Elfi und Onkel Alf sind leer! Ob der Räuber die beiden entführt hat?

»Was machen wir jetzt?«, fragt Sine ängstlich.

»Die Polizei anrufen!«, sagt Paula entschlossen. »Komm mit! Das Telefon ist in der Küche!«

Auf Zehenspitzen schleichen die beiden die Treppe hinunter. In der Küche brennt Licht. Es riecht nach frischem Kaffee. Tante Elfi steht am Herd.

»Was macht ihr denn hier?«, ruft sie überrascht, als die beiden Mädchen plötzlich in der Küche stehen.

»Ein Räuber!«, flüstert Paula. »Drüben beim Pferdestall!«

Aber Tante Elfi lacht nur und sagt: »Kommt mit, ich kenne den Räuber!«

Sie laufen über den Hof.

Die Stalltür ist nur angelehnt. In der Box neben Snoopy stehen Onkel Alf und Jan. Und da kniet auch der Fremde! Er hilft gerade einem kleinen Fohlen auf die Beine.

»Der Räuber ist unser Tierarzt«, erklärt Tante Elfi. »Senta hat überraschend ihr Fohlen bekommen.«

»Wir brauchen noch einen Namen für den Kleinen!«, sagt Onkel Alf.

»Wie wär's mit Räuber?«, sagt Jan und grinst.

»Wir brauchen einen Namen mit A! Weil der Vater des Fohlens Amadeus heißt, muss der Name des Fohlens auch mit A beginnen«, sagt Onkel Alf.

»Ali Baba!«, ruft Paula.

Damit sind alle einverstanden. Der kleine Räuber Ali steht allerdings noch auf sehr wackligen Beinen. Seine Mutter leckt ihn liebevoll ab.

»So, jetzt brauchen die beiden Ruhe!«, sagt der Tierarzt energisch. »Und ich glaube, ihr auch!«

»Ich bin überhaupt nicht müde!«, sagt Sine. »Am liebsten würde ich bei Ali im Stall schlafen!«

»Aber ich geh ins Bett!«, ruft Paula vergnügt. »Ich glaub nämlich, Stroh pikt ganz schön am Po!«

 *Das kleine Pferd*
von
Claudia Ondracek

»Die Farmer reiten auf Fohlen«, erzählt Tangano aufgeregt. »Ganz bestimmt!«

Der Indianerjunge Kanak starrt seinen Freund an und schüttelt den Kopf. »Das kann nicht sein«, sagt er.

»Doch, glaub mir«, fährt Tangano fort. »Ich hab es selbst gesehen: Da waren zwei Reiter auf der Koppel – und das eine Pferd war ganz klein! So kleine Pferde gibt es nicht, das muss noch ganz jung sein.«

Kanak kann es nicht glauben. Auf Fohlen darf man doch nicht reiten! Die sind viel zu klein und schwach und können noch keinen Menschen tragen, nicht einmal Kinder wie ihn.

»Gleich morgen früh pirsche ich mich zur Farm und schaue mir das einmal an«, sagt Kanak mutig. »Und wenn es stimmt, was du sagst, werde ich das Fohlen befreien. Die Farmer dürfen nicht auf Fohlen reiten, sie sind viel zu groß und schwer dafür.«

Die Sonne steht noch tief, als Kanak sich am nächsten Morgen zur Farm schleicht. Mit seinen weichen Mokassins ist er auf dem

Sandboden nicht zu hören. Leise huscht er von Busch zu Busch und von Baum zu Baum. Kanak kauert sich hinter einen Stapel Holz. Niemand ist zu sehen, kein Mensch und kein Tier. Nur drei Häuser – zwei aus Holz und eines aus Stein. Und aus dem Schornstein des Steinhauses steigt Rauch. So wie aus dem Zelt zu Hause, wenn Kanaks Mutter kocht.

Gut, denkt Kanak. Die Farmer essen noch. Da bemerkt mich keiner. Aber wo kann das Fohlen nur sein?

Plötzlich hört er ein Wiehern. Es kommt aus einem der Holzhäuser. Dort müssen die Pferde sein.

Komisch, denkt Kanak. Wieso bauen die Farmer feste Häuser für Pferde? Bei uns laufen sie frei herum.

Das Holzhaus hat ein großes Tor zum Hof und ein kleines Fenster auf der Rückseite.

Ich klettere durchs Fenster, denkt Kanak. Da kann man mich vom Wohnhaus aus nicht sehen.

Er kriecht am Zaun entlang zum Holzhaus. Dann hangelt er sich die Wand hoch bis zum Fenster und springt hinein. Unruhig trampeln die Pferde mit ihren Hufen.

Hoffentlich wiehern sie nicht, denkt Kanak. Sonst kommt jemand und erwischt mich hier!

Leise pfeift er ein Lied, das Lied der Wildnis. »Dieses Lied verstehen alle Tiere«, hat ihm der Medizinmann erklärt. »Wenn du es pfeifst, bist du einer von ihnen und kein Fremdling, vor dem sie Angst haben!«

Und wirklich: Die Pferde beruhigen sich und schauen ihn neugierig an.

Langsam geht Kanak durch das Holzhaus. Hier steht ein großer Brauner, dort ein Schimmel, und da guckt ein schwarzer Pferdekopf über das Gatter. Aber wo ist nur das Fohlen? Plötzlich hört Kanak ein Rascheln. Es kommt vorne von der Tür. Aber kein Pferd ist zu sehen.

Vorsichtig schleicht er sich an und späht durch die Holzlatten hindurch – und da steht es: das Fohlen! Mit zotteliger Mähne und einem langen Schweif. Es muss das Fohlen sein, so klein, wie es ist! Und neben ihm liegt ein Sattel im Stroh. Also stimmt es, was

Tangano gesagt hat, die Farmer reiten darauf. Aber das dürfen sie nicht!

Kanak pfeift wieder das Lied der Wildnis und klettert durch die Latten hindurch. Das Fohlen ist ganz zutraulich. Behutsam klopft Kanak seinen Hals. Er ist ziemlich stämmig. Auch der Körper und die Beine sind nicht so zart wie bei den Fohlen, die er kennt.

»Du bist ja ein ganz schöner Brummer«, murmelt Kanak und lacht leise. »Du wirst bestimmt mal ein kräftiges Pferd – und dann kann man auf dir reiten. Jetzt bist du noch zu klein. Aber keine Sorge, ich befreie dich!«

»Nein!«, ruft plötzlich jemand. Erschrocken dreht Kanak sich um. Aus dem Stroh schaut ein Junge mit braunen Locken.

»Nein«, sagt der Lockenkopf noch einmal und rappelt sich langsam aus dem Stroh auf. »Napoleon gehört mir. Der bleibt hier! Was machst du überhaupt in unserem Stall?«
Erwischt!, denkt Kanak und will wegrennen. Aber was wird dann aus dem Fohlen? Er kann es doch nicht zurücklassen? Kanak stemmt die Hände in die Hüften und sagt mutig: »Ich habe das Fohlen gesucht. Ihr reitet darauf – und das darf man nicht. Fohlen sind dafür viel zu klein und zu schwach!«
»Welches Fohlen?«, fragt der Junge erstaunt.
Kanak wird wütend. Will der Lockenkopf ihn veräppeln?
»Na, das hier«, zischt er und zeigt auf Napoleon. »Das ist noch lange nicht ausgewachsen!«
Der Junge schaut ihn mit großen Augen an. Dann grinst er. »Doch, ist es schon«, erklärt er. »Napoleon ist ein Pony und wird nicht größer. Mein Onkel hat ihn erst vor Kurzem aus Europa mitgebracht. Und dort nennt man kleine Pferde Ponys.«
Davon hat Kanak noch nie gehört. Und so ein kleines Pferd hat er noch nie gesehen. Aber jetzt versteht er, warum Napoleon nicht so zart ist wie die Fohlen, die er sonst kennt.
»Ich wusste das auch nicht«, erzählt der Junge weiter. »Napoleon ist schon fünf Jahre alt und ziemlich stark. Das kannst du mir glauben – ach übrigens, ich bin Sam!«
»Und ich Kanak«, murmelt der Indianerjunge.
»Du hast mich vielleicht erschreckt«, sagt Sam und lacht. »Als ich

ein Geräusch gehört habe, habe ich mich hier im Stroh versteckt. Mama und Papa denken nämlich, ich schlafe noch.«

»Ich wollte dich nicht erschrecken«, sagt Kanak. »Was machst du überhaupt so früh hier bei den Pferden?«

»Ich wollte vor dem Frühstück schon mal eine kleine Runde auf Napoleon reiten. Nach so einer Nacht im Stall braucht er das!«

»Das verstehe ich.« Kanak lacht. »Pferde brauchen die Wildnis, auch wenn sie klein sind. Tut mir leid, ich wollte Napoleon nicht klauen. Ich dachte nur, er sei ein Fohlen …«

»… und auf Fohlen reitet man nicht«, ergänzt Sam. »Ist doch klar! Aber auf Ponys schon – willst du es mal probieren? Napoleon kann es nämlich kaum erwarten, eine Runde zu galoppieren!«

Kanak nickt begeistert – das glaubt ihm Tangano bestimmt nicht: Das kleine Pferd ist gar kein Fohlen, sondern ein Pony und ziemlich stark!

Keine Angst vor großen Pferden

 von
Dagmar Geisler

Lotte liegt in ihrem Bett. Es ist schon eine Ewigkeit her, dass Mama da war, um ihr einen Gutenachtkuss zu geben. Ganz dunkel ist es im Zimmer. Lotte hält Kuschel, das Schaf, fest an sich gedrückt. Hugo, das Plüschpferd, sitzt ganz weit weg im Spielzeugregal. Es guckt zu ihr rüber, das spürt Lotte ganz genau. Unruhig wälzt sie sich von einer Seite zur anderen. Warum kann sie bloß nicht schlafen?

Sie denkt an morgen und daran, dass dann dieser Ausflug mit Lisa sein soll. Lotte seufzt.

Lisa ist Lottes allerbeste Freundin und eine große Pferdenärrin. Zu ihrem letzten Geburtstag hat sie einen Tag auf dem Reiterhof geschenkt bekommen. Zusammen mit ihrer besten Freundin. Und das ist ja Lotte. Und eigentlich ist das auch gut so. Aber …

Lotte hält Kuschel noch ein bisschen fester. Bis jetzt hat sie noch keinem Menschen erzählt, dass sie vor Pferden eine schreckliche Angst hat. Angst vor Pferden, das ist ja auch wirklich was für Babys – eigentlich.

Lotte denkt an Rocco, den Braunen, den Lisa manchmal reitet. Wenn der immer so von hoch oben zu ihr runterguckt mit seinen großen dunklen Pferdeaugen … Lotte schüttelt sich. Dabei ist Rocco bloß ein Pony, und auf dem Reiterhof gibt es sicher noch viel größere Pferde. Solche wie Winnetou, den Araberhengst, der nicht weit von Lottes Straße auf der Weide steht. Und den Lisa immer mit Möhren füttern will, wenn sie bei Lotte zu Besuch ist. Lotte pflückt dann immer riesige Feldblumensträuße für Mama

und tut so, als hätte sie gerade gar keine Zeit, Winnetou auch eine Möhre zu geben.
Lotte horcht in sich hinein. Vielleicht kriegt sie bis morgen ja schlimmes Bauchweh. Ein bisschen zwickt es doch schon. Oder?
Irgendwann muss Lotte doch eingeschlafen sein. Jedenfalls ist es heller Morgen, als Mama sie weckt. Die Sonne scheint zum Fenster herein. Schade, bei schlechtem Wetter wäre der Ausflug vielleicht ins Wasser gefallen. Und Bauchweh hat Lotte auch keins. Nicht das allerkleinste bisschen. Mama legt eine Jeanshose heraus und den roten Pullover, auf dem vorne eine Pferd aufgedruckt ist.
Lotte mag gar nicht hingucken.
Beim Frühstück hat sie überhaupt keinen Appetit.
»Das kenne ich!«, sagt Mama. »Wenn ich mich sehr auf etwas freue, kriege ich auch nie einen Bissen runter.«
Lotte guckt in ihre Müslischüssel und sagt nichts.

Als Lotte gerade mit Zähneputzen fertig ist, klingelt Lisas Papa an der Tür, und Lisa kommt wie ein Wirbelwind in die Wohnung gestürzt. Vor Freude ist sie ganz zappelig. Sie hüpft von einem Bein auf das andere und will, dass Lotte sich beeilt.
Und Lotte beeilt sich ja auch. Wenigstens ein bisschen.
Als die anderen schon Richtung Auto unterwegs sind, muss Lotte noch mal schnell aufs Klo.
Und dann sitzt sie endlich hinten auf der Rückbank neben Lisa.

Lisa hat ihr Plüschpferd im Arm und fragt, warum Lotte ihres nicht auch mitgenommen hat.

»So halt«, sagt Lotte und versucht, Lisa anzulachen. Aber es klappt nicht so richtig.

Die Fahrt geht aus der Stadt hinaus, durch Wiesen und Felder und an einem kleinen Fluss vorbei. Lotte könnte ewig so weiterfahren, aber irgendwann ist es so weit, und der Reiterhof liegt direkt vor ihnen.

Lisa zwickt Lotte in den Arm. »Ich freue mich so!«, sagt sie.

»Hm«, sagt Lotte.

Der Weg über den Parkplatz ist viel zu kurz. Auf der großen Weide neben dem Haus sieht Lotte Pferde grasen. Riesengroße Pferde mit lackschwarzen Mähnen und hellbraune Pferde mit dickem, buschigem Schweif. Jetzt hat Lotte doch Bauchweh. Oder ist es bloß die Angst, die ihr wie ein dicker Klumpen im Magen liegt?

Die Besitzerin des Reiterhofs kommt ihnen entgegen. Sie ist blond und hat freundliche braune Augen und lustige Sommersprossen auf der Nase.

»Hallo, ihr beiden. Schön, dass ihr da seid! Ich bin Regina«, sagt sie und reicht den Mädchen die Hand. Ihre Hand ist warm und ganz rau von der Stallarbeit. Regina redet kurz mit Papa, der verspricht, die beiden am späten Nachmittag wieder abzuholen.

»Ich zeige euch erst mal den Stall«, sagt sie dann zu Lotte und Lisa. Mit großen Schritten geht sie über den Hof. Lisa hüpft erwartungsvoll neben ihr her. Lotte trottet hinterdrein.

Und dann sieht sie es. Es steht ein paar Meter entfernt unter einem Apfelbaum. Lotte starrt es an und kriegt gar nicht mehr mit, wie die beiden anderen im Stall verschwinden. Es ist das winzigste Pferd, das Lotte je gesehen hat. Gerade mal bis zur Nasenspitze reicht es ihr. Sein Fell ist dunkelbraun, und seine Augen sind honigfarben und so sanft wie die von Mama manchmal. Es hat eine wuschlige Mähne und einen buschigen Schweif, der bis ganz auf den Boden hängt. Es guckt Lotte an, und Lotte guckt zurück. Eine ganze Weile stehen die beiden so da und rühren sich nicht.

Lotte zuckt zusammen, als ihr jemand eine Hand auf die Schulter legt. Es ist Regina, die wissen will, ob Lotte nicht mit in den Stall zu den anderen kommt. Lotte guckt Regina an und schüttelt nur stumm den Kopf.

»Warum denn nicht?«, fragt Regina.

»Ich will lieber noch ein bisschen hier draußen bleiben«, sagt Lotte leise.

»Wie du willst«, sagt Regina freundlich. »Du bist wohl dabei, dich mit Benjamin anzufreunden.« Mit einem Kopfnicken deutet sie auf das kleine Pferd. »Er ist unser Kleinster. Selbst für ein Shetlandpony ist er sehr klein.«

»Vielleicht wächst er noch?«, fragt Lotte.

Regina lacht. »Nein«, sagt sie. »Benjamin ist schon ziemlich erwachsen. Vier Jahre alt ist er schon. Der wächst nicht mehr. Hör mal, ich gehe jetzt wieder rein zu den anderen. Du kommst dann einfach nach. Okay?« Lotte nickt.

Aber Lotte kommt nicht nach. Die ganze Zeit bleibt sie draußen bei Benjamin. Immer näher traut sie sich an ihn heran. Sie krault seine Mähne. Sie sucht die Wiese nach Äpfeln ab, um ihn damit zu füttern. Sie steht einfach nur da und guckt in Benjamins honigbraune Augen.

Ein paarmal rufen die anderen sie noch.

»Ja, gleich!«, sagt Lotte dann jedes Mal. Aber sie rührt sich nicht von Benjamin weg.

Beim Mittagessen fragt Regina, ob Lotte denn nun genug von Benjamin hat und mit den anderen einen kleinen Ritt über die Wiesen machen will. Aber Lotte will lieber bei ihrem neuen Freund bleiben. Und Lisa ist so begeistert von den vielen anderen Pferden auf dem Reiterhof, dass sie sich nicht mal darüber beschwert.

Als sie wieder zurückkommen, sagt Regina, dass nun Lotte dran ist mit Reiten. »Du darfst auf Benjamin reiten«, sagt sie.

Lotte schüttelt heftig den Kopf. »Benjamin ist doch mein Freund!«, sagt sie empört. »Und er ist doch viel zu klein, und ich bin viel zu schwer für ihn.«

Regina schüttelt den Kopf. »Glaub mir, du bist genau richtig für Benjamin.«

Und wie zur Bestätigung stupst Benjamin mit seinem feuchten Maul ganz sacht an Lottes Arm.

»Also gut!«, sagt Lotte.

Regina hebt Lotte auf Benjamins Rücken und führt Benjamin ein paarmal rund um den Apfelbaum. Lotte könnte platzen vor Glück. Dass Reiten so schön sein kann, hätte sie nie im Leben gedacht.

»Ich hoffe, du kommst bald wieder, um deinen neuen Freund zu besuchen«, sagt Regina zum Abschied.

»Na klar!«, sagt Lotte.

Zu Hause erzählt Lotte voller Begeisterung vom Pferdehof und vom Reiten.

»Es hat dir also gefallen?«, sagt Mama. »Komisch, ich hatte manchmal den Verdacht, dass du vor Pferden ein bisschen Angst hast. Da muss ich mich wohl getäuscht haben.«

»Ja, das hast du dann wohl«, sagt Lotte. »Ich habe nämlich kein bisschen Angst!«

Das wilde Pony Fridolin
von
Mirjam Müntefering

Das Pony Fridolin lebte mit zwei Ponyfreunden auf einer großen Wiese am Waldrand.

Sein Ponyfreund Waldi war ein besonders lustiges Pony. Nicht nur, weil es einen Hundenamen hatte, über den sich alle kaputtlachten. Nein, es konnte auch besonders herrliche Grimassen schneiden. Wenn Menschen vorbeikamen und an ihrer Koppel stehen blieben, waren sie immer ganz begeistert von Waldi.

Das Ponymädchen Schnucki hingegen war ein besonders hübsches Pony. Ihr Fell glänzte so sehr, und ihre Mähne wehte so prächtig im Sommerwind, dass alle am Zaun immer nur »Ah!« und »Oh!« riefen, wenn sie Schnucki sahen.

Fridolin stand dann immer etwas dumm daneben. Er wollte auch gern in etwas ganz besonders sein und dafür bewundert werden. Und so überlegte er, was er denn besonders gut konnte.

Er konnte wunderbar Gras fressen. Aber das konnten die anderen auch.

Er konnte laut wiehern. Aber das konnten die anderen auch.

Er konnte im Stehen schlafen. Aber das konnten die anderen auch. Lange stand Fridolin in einer Ecke der großen Weide und überlegte.
Da summte eine gemeine Stechfliege um ihn herum.
Er versuchte, ihr mit seinem Schweif Angst einzujagen und sie in die Flucht zu schlagen. Doch die Bremse ließ sich nicht vertreiben. Stattdessen setzte sie sich auf Fridolins Bauch und stach ihn – piks! – durch sein Fell!

Das tat weh! Fridolin bäumte sich wiehernd auf und rannte dann, so schnell er konnte, los, einmal quer über die Koppel und zurück. Dabei schlug er immer wieder und wieder aus, warf den Kopf herum und schnaubte so laut, dass alle Vögel auf der Wiese erschrocken aufflogen.

Erst nach ein paar Minuten ließ der Schmerz von dem Bremsenstich ein bisschen nach. Und als Fridolin dann in der Nähe des Zaunes zum Stehen kam, fiel ihm auf, dass da ein paar Menschen standen, die ihn atemlos beobachteten.
»Das ist aber ein besonders wildes Pony!«, sagte eine Frau und trat vorsichtshalber einen Schritt hinter ihren Ehemann.
»So ein wildes Pony habe ich wirklich noch nie gesehen«, meinte auch ihr Mann. »Wir müssen unbedingt den anderen davon erzählen!«
Den anderen?, dachte Fridolin. Wer sind denn die anderen?
Am nächsten Tag kamen die Leute zurück. Diesmal brachten sie noch ein anderes Ehepaar mit und ein paar Kinder.
»Geht nicht zu nah an den Zaun ran!«, warnte der Mann von gestern die neu Dazugekommenen. »Dieser Fridolin ist ein ganz wildes Pony!«
Fridolin begriff. Nun gut, wenn sie ein besonders wildes Pony haben wollten, dann sollten sie es auch bekommen!
Er raste wieder über die Koppel, schlug aus, wieherte schrill und warf seinen Kopf herum, dass seine Mähne flog.
Als Waldi und Schnucki mitbekamen, wie die Menschen Fridolin bei seinen wilden Sprüngen zusahen, gaben sie sich mächtig Mühe. Waldi schnitt ein paar Grimassen, dass man eigentlich Bauchweh vor Lachen hätte bekommen müssen. Doch niemand sah hin. Schnucki trabte ein bisschen am Zaun auf und ab und

ließ ihre hübsche weiche Mähne im Wind flattern. Doch niemand beachtete sie.

Alle sahen nur mit großen Augen auf das wilde Pony Fridolin.

Die Leute, die den wilden Fridolin sehen wollten, wurden täglich mehr. Jeden Tag musste er nun über die Weide rasen, sich wild gebärden und mit den Hufen trommeln.

Ja, er war wirklich eine kleine Berühmtheit geworden!

Allerdings hatte sein wilder Ruf auch Nachteile.

Wenn die Leute am Zaun wieder heimgehen wollten und vorher ein paar Mohrrüben verteilten, trauten sie sich meistens nicht, Fridolin eine hinzuhalten.

Und hinter den Ohren kraulen wollte ihn erst recht niemand mehr. Dabei hatte Fridolin das immer ganz besonders gern gehabt!

Alle bewunderten ihn wegen seiner Wildheit, aber niemand traute sich noch in seine Nähe. Es war traurig, aber wahr: Fridolins Berühmtheit hatte ihn einsam gemacht. Und er hatte immer öfter schlechte Laune deswegen.

Fridolin war gerade sehr schlecht gelaunt, als eines Tages eine Familie den Weg entlangkam und am Zaun stehen blieb.

Fridolin wusste, was die Leute von ihm sehen wollten, aber er hatte einfach keine Lust, herumzurennen und auszuschlagen.

Also blieb er stur in einer Ecke der Weide stehen und ließ den Kopf hängen.

Plötzlich jedoch hörte er laute Stimmen vom Zaun her.

»Laura! Nicht! Was tust du da?«, rief eine ängstliche Frauenstimme.

Fridolin sah auf und traute seinen Augen kaum.

Da stapfte ein Mädchen über die Wiese schnurstracks auf ihn zu. Es bestand kein Zweifel: Die Kleine mit der frechen Kurzhaarfrisur wollte zu ihm!

»Walter! Nun tu doch was!«, kreischte die Frau am Zaun.

Doch ihr Mann stand nur starr vor Schreck dort und rührte sich nicht.

»Laura, komm sofort zurück! Das soll ein ganz wildes Pony sein, hat man uns erzählt. Es wird dich beißen! Es wird dich umrennen! Es wird dich zertrampeln!«, schrie die Frau.

Fridolin erschrak sehr, als er das hörte. Beißen? Umrennen? Zertrampeln? War es das, was die Leute von ihm dachten?

Doch Laura achtete nicht auf das, was ihre Mutter rief. Sie streckte vorsichtig die Hand aus und ließ Fridolin daran schnuppern.

»Das kitzelt ja!«, sagte sie kichernd, als seine weichen Nüstern ihre Finger berührten.

»Warum stehst du denn so alleine hier herum?«, fragte sie dann weiter und streichelte ihn ein bisschen am Hals. »Du lässt den Kopf ja richtig hängen. Bist du krank? Oder einfach nur traurig?«

Fridolin hätte ihr so gerne erzählt, wieso er traurig war. Er hätte ihr so gerne erzählt, wie es dazu gekommen war, dass nun alle dachten, er sei ein besonders wildes Pony. Und wie ihn das alles

ganz einsam gemacht hatte. Doch leider konnte Fridolin nur wiehern. Und das verstand Laura nicht.

So stand er einfach nur ruhig da und staunte darüber, wie schön es war, wenn jemand ihn ein bisschen streichelte.

Diese Laura ist wirklich ein besonders nettes Mädchen, dachte Fridolin.

Und dann hörte er die Stechfliege.

Ihr Gesumme kannte er nur zu gut!

Er schlug vorsichtshalber gleich mit dem Schweif und sah sich um. Aber er konnte sie nirgends entdecken. Was, wenn sie ihn wieder in seinen empfindlichen Bauch stechen würde?

Laura hatte die Stechfliege auch gehört. Sie sah ihr zu, wie sie um Fridolin herumflog.

»Ganz ruhig, Fridolin«, sagte Laura.

Fridolin zitterte. Ein Bremsenstich tat so furchtbar weh, und er hatte große Angst davor. Aber er hielt wirklich ganz still. Laura wartete, bis die gemeine Stechfliege sich auf Fridolins Hintern setzte. Dann holte sie aus und gab ihm einen schwungvollen Klaps auf genau diese Stelle. Die Bremse fiel zu Boden.

»Na, wie hab ich das gemacht?«, fragte Laura ihn dann.

Fridolin war wirklich heilfroh, dass er nicht wieder gestochen worden war, und rieb dankbar seinen Kopf an ihrer Schulter.

»Sieh nur, Walter«, rief die Frau am Zaun. »Laura hat das wilde Pony gezähmt!«

»Denen haben wir es aber gezeigt, wie?«, sagte Laura leise zu Fridolin. Und als er den Kopf zu ihr herunterbeugte, kraulte sie ihn hinter den Ohren.

Ach! Das war so herrlich und wunderbar, dass Fridolin zufrieden schnaubte und die Augen schloss.

Zum Abschied gab Laura ihm noch alle Karotten, die sie in der Tasche hatte, und flüsterte ihm zu: »Bis morgen, du wildes Pony, du!«

Von da an versuchte Fridolin nicht mehr, besonders wild zu sein. Eigentlich versuchte er nun gar nicht mehr, besonders zu sein: weder besonders schön noch besonders witzig noch besonders klug.

Denn für Laura war Fridolin trotzdem das tollste Pony auf der ganzen Welt!

Caroline ist ein großes Pferd
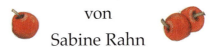
von
Sabine Rahn

»Mama?«

Mama rührt sich nicht, und Papa schnarcht.

Aber Caroline ist hellwach und gibt ihrer Mama einen Aufwach-Schlabberkuss.

»Uh, nass!«, sagt Mama und wischt sich über die Wange, ohne die Augen zu öffnen.

»Mama, können wir spielen, dass ich dein Pferd bin und du bist meine Bäuerin?«, fragt Caroline, wie jeden Morgen, wenn sie zu ihren Eltern ins Bett kommt.

»Hm«, macht Mama.

»Aber ich bin ein großes Pferd«, stellt Caroline klar und krabbelt über ihre Mama drüber.

»Und ein schweres«, murmelt Mama.

»Wie bitte?«, fragt Caroline.

Aber Mama sagt nichts mehr. Sie will sich nicht unterhalten. Sie will nicht spielen. Sie will noch ein bisschen schlafen.

»Und ich heiße Flöckchen!«, erklärt Caroline.

Sie stupst ihren Papa, damit er ein Stückchen rutscht, dann kuschelt sie sich zwischen ihre Eltern unter die Decke. Caroline steckt den Daumen in den Mund und krabbelt an Mamas Arm. So ist es sehr gemütlich.

Die Sonne malt rötliche Lichtkringel an die Decke. Ein dicker Käfer brummt von außen gegen das gekippte Fenster.

Sonst passiert nichts.

Gar nichts.

Caroline wird es langweilig. Sie nimmt den Daumen aus dem Mund und wischt ihn an der Bettdecke trocken.

»Hühühie«, wiehert Flöckchen und stampft mit dem Hinterhuf.

»Aua«, brummt Papa und zieht sein Bein weg. »Pass doch auf, Caroline!«

»Hühühie«, wiehert Flöckchen noch einmal. Aber die beiden Menschen im Bett neben ihr verstehen die Pferdesprache offenbar nicht.

»Schlaf doch noch ein bisschen, Caroline«, murmelt Mama. »Heute ist Sonntag!«

»Dein Pferd hat Hunger«, übersetzt Caroline und stupst ihre Mama mit der Nase, so wie Pferde das tun.

»Dann soll es Gras fressen«, murmelt Mama.

»Du musst ihm welches geben«, sagt Caroline. »Hier gibt es keins!«

Mama seufzt. »Dann soll es auf die Wiese zum Weiden gehen!«

»Auf die Wiese?«, wiederholt Caroline und setzt sich auf.

»Hühühie«, wiehert Flöckchen und krabbelt aus dem Bett.

»Ompf«, stöhnt Papa. »Du bist vielleicht ein unruhiger Geist!«

»Nein, ich bin ein Pferd«, widerspricht Caroline. »Hühühie!« Sie schaut aus dem Fenster.

Die Sonne klettert schon über das Dach des Nachbarhauses, und die Vögel zwitschern. Die Lerchen fliegen hoch in den Himmel. Unten im Garten stemmen Amseln ihre Beine in den Rasen und ziehen sich ihre Frühstücksregenwürmer aus der Erde – und unter dem Apfelbaum steht ein echtes, lebendiges Pferd und rupft Gras!

»Mama!«, ruft Caroline aufgeregt. »Im Garten steht ein Pferd. Darf ich runtergehen und es füttern?«

»Oh ja!«, sagt Papa. »Geh nur!«

Caroline saust nach unten in die Küche. Sie weiß genau, was Pferde gerne fressen. Sie rückt einen Stuhl an den Tisch und nimmt sich die Äpfel aus dem Obstkorb.

Als Caroline die Verandatür aufmacht, hebt das kleine Pferd den Kopf und schaut herüber. »Hallo, Pferdchen«, sagt Caroline. Barfuß und im Nachthemd geht sie durch das feuchte Gras. Das kleine Pferd stellt die Ohren auf und bläht die Nüstern. Als Caroline näher kommt, dreht es sich um und geht ein paar Schritte zum offenen Gartentor.

»Keine Angst!«, sagt Caroline. »Ich bringe dir nur etwas zum Frühstück!«

Aber das kleine Pferd unter dem Apfelbaum versteht die Menschensprache offenbar nicht. Da fällt Caroline ein, dass sie ja selbst ein großes Pferd ist und Flöckchen heißt. »Hühühie!«, sagt Flöckchen.

Das kleine Pferd bleibt stehen und dreht sich um. »Mrühühü«, wiehert es. Die Pferdesprache versteht es natürlich.

»Hühühühie«, antwortet Flöckchen und beißt in einen Apfel. Dann hält sie dem Pferd auf der flachen Hand den angebissenen Apfel hin. Das Pferd kommt langsam näher und schnuppert vorsichtig daran.

So ein kleines Pferd hat Caroline noch nie gesehen. Es ist wirklich winzig. Es geht ihr nicht einmal bis zur Schulter. Vielleicht ist es ein Pferdebaby? Ein Fohlen?

Auf jeden Fall hat es Hunger. Es isst alle Äpfel auf. Dann stupst es Caroline sanft mit seiner Nase in den Bauch.

Caroline versteht sofort. Das kleine Pferd hat immer noch Hunger!

»Äpfel haben wir keine mehr«, sagt Caroline. »Aber warte, ich hole Brot.«

Sie läuft zurück ins Haus. Das kleine Pferd trottet hinter ihr her. Seine kleinen Hufe klackern auf den Fliesen.

Das Brot schmeckt ihm.

Als das Brot alle ist, holt Caroline den Zwieback aus dem Schrank. Anschließend verfüttert sie Mamas Knäckebrotvorrat. Und zum Schluss isst das kleine Pferd Papas Müsli auf.

»Jetzt habe ich leider nichts mehr«, sagt Caroline.

»Mrühühü«, bedankt sich das Pferdchen. Es dreht sich um und trottet aus der Küche in den Flur. Vor der Treppe in den ersten Stock bleibt es stehen.

»Nicht da hoch!«, sagt Caroline und schüttelt den Kopf. »Mama erlaubt nicht, dass ich Tiere mit ins Haus bringe. Nicht einmal einen klitzekleinen Feuerkäfer!«

Aber das kleine Pferd versteht die Menschensprache ja nicht. Neugierig steigt es »Klacker-di-klacker« die Treppe hoch und streckt den Kopf ins Bad. Es geht »Klacker-di-klacker« den Gang entlang und dann »Klacker-di-klacker« rein ins Schlafzimmer. Caroline bleibt hinter der Tür stehen und streckt nur den Kopf ins Zimmer. »Pst, komm da wieder raus!«, flüstert sie. Dann fügt sie schnell noch hinzu: »Hühühie!«

»Mrühühieh!«, antwortet das Pferdchen, aber es kommt nicht zurück, sondern geht »Klacker-di-klacker« zum Bett. Es schnuppert an Mamas Haaren. Dann gibt es Carolines Mama einen Schlabberkuss.

»Uh, nass!«, sagt Mama. Sie wischt sich über die Wange. »Gut gegrast, mein Schatz?«, fragt sie schläfrig und macht die Augen

auf. Als sie das Pferdchen erblickt, wird sie blass. Sie schüttelt Carolines Papa an der Schulter. »Leif, wach auf! Bei uns im Schlafzimmer steht ein Pferd!«

»Weiß ich doch!«, murmelt Papa. »Caroline ist ein großes Pferd und heißt Flöckchen!«

»Nein. Guck doch! Es ist ein wirkliches, lebendiges, echtes Pferd!«, sagt Mama. »Mit Fell und Hufen …«

Da kommt Caroline hinter der Tür hervor. »Aber Mama, ich bin auch ein echtes Pferd!«, sagt sie.

»Natürlich!«, sagt Mama. »Du bist Flöckchen und ein großes Pferd. Aber was macht dieses kleine Pferd hier bei uns im Schlafzimmer?«

»Es wollte euch Guten Morgen sagen, glaube ich«, meint Caroline.

Da ruft auf einmal jemand unten im Garten: »Rinaldo! Rinaldo, wo bist du?«

Caroline läuft zum Fenster und schaut hinaus. Unten im Garten steht ein Mann mit Zylinder und mit einem großen Schnurrbart. Er sieht sich suchend um.

Das Pferdchen spitzt die Ohren, wiehert, dreht sich um und läuft »Klacker-di-klacker« aus dem Schlafzimmer, »Klacker-di-klacker« den Flur entlang, »Klacker-di-klacker« die Treppe hinab und zur Verandatür hinaus.

»He!«, ruft Caroline. »Warte!«

Sie läuft dem Pferdchen hinterher.

Als sie in den Garten kommt, krault der Mann das Pferdchen zwischen den Ohren. »Rinaldo, du kleiner Ausreißer!«, sagt er. »Du hast hier doch hoffentlich nichts angestellt?«
»Mrühühühie«, sagt Rinaldo. Er schüttelt energisch den Kopf und dreht sich zu Caroline um.
»Hallo«, sagt der Mann mit dem Zylinder zu Caroline. »Sieht so aus, als hätte Rinaldo dich ins Herz geschlossen.«
»Ich habe ihn gefüttert!«, sagt Caroline.
Der Mann lacht. »Na dann, kein Wunder!«

»Nehmen Sie ihn wieder mit?«, fragt Caroline enttäuscht.

»Ja«, sagt der Mann. »Ich muss doch mit ihm arbeiten.«

»Arbeiten? Aber er ist doch noch ein Baby!«

Der Mann schüttelt den Kopf. »Rinaldo ist ein Minipferd. Die werden nicht größer als ein großer Hund. Wenn du magst, komm Rinaldo doch heute Nachmittag bei uns im Zirkus besuchen.« Er kramt in seiner Hosentasche und zieht einige bunte Eintrittskarten hervor. »Die Vorstellung beginnt um drei.«

Caroline nimmt die Karten. »Danke!«, sagt sie.

»Mrühühü!«, sagt Rinaldo.

»Hühühie!«, antwortet Flöckchen.

Und damit ist alles gesagt.

Mamas großes Geheimnis

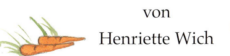

von
Henriette Wich

Schnuffel ist das neugierigste Pony auf der ganzen Weide. Schnuffel ist so neugierig, dass er ständig an etwas schnuppert. Er schnuppert an den Grashalmen, am Löwenzahn, am Weidezaun und an der Stalltür. Er schnuppert am Wassertrog, an den Karotten und an den Äpfeln. Ganz besonders gern schnuppert Schnuffel an den anderen Ponys – und am liebsten an Mama. Aber seit ein paar Tagen legt Mama die Ohren an, wenn Schnuffel zu ihr kommt. Sie will nicht, dass er an ihr schnuppert. Und auch sonst ist sie ziemlich komisch. Ob es daran liegt, dass sie in letzter Zeit so viel frisst und richtig dick und rund geworden ist?

»Was hast du, Mama?«, fragt Schnuffel.

»Nichts«, sagt Mama.

»Doch, du hast was«, sagt Schnuffel.

Mama schnaubt. »Stimmt, Schnuffel! Aber das kann ich dir noch nicht verraten. Es ist ein Geheimnis.«

Schnuffel spitzt die Ohren. Ein Geheimnis! Das muss er unbedingt rauskriegen.

»Ich liebe Geheimnisse!«, sagt Schnuffel. »Kannst du es mir nicht sagen?«

Aber Mama schüttelt ihre Mähne. »Nein, Schnuffel, ich kann es dir wirklich nicht verraten.«

Schnuffel fragt trotzdem noch mal und noch mal und noch mal. Es könnte ja sein, dass Mama das tolle Geheimnis mit jemandem teilen will. Aber leider will sie das nicht.

Schließlich gibt Schnuffel auf. Aber er wird das Geheimnis schon noch rauskriegen. Wenn Mama nichts sagt, muss er eben die anderen Ponys fragen.

Als Erstes trabt er zu Papa. Der knabbert gerade am Weidezaun.

»Du, Papa«, sagt Schnuffel. »Was hat Mama denn für ein Geheimnis?«

Papa hebt den Kopf. »Tja, ich kann dir nur so viel sagen: Mamas Geheimnis wackelt wie unser alter Weidezaun hier.«

Schnuffel denkt ganz fest nach. Ein Geheimnis, das wackelt? Was kann das denn sein? Bei Mama wackelt doch nichts.

Schnuffel trabt weiter zu Oma. Die pflückt gerade einen Apfel vom Baum.
»Du, Oma«, sagt Schnuffel. »Was hat Mama für ein Geheimnis?«
Oma schluckt erst den Apfel hinunter. Dann antwortet sie: »Tja, ich kann dir nur so viel sagen: Mamas Geheimnis ist so süß wie der Apfel hier.«
Schnuffel denkt wieder ganz fest nach. Ein süßes Geheimnis? Was kann das denn sein? Mama mag doch gar nichts Süßes.
Schnuffel trabt weiter zu Opa. Der spielt gerade mit einem kleinen Pony Fangen.
»Du, Opa«, sagt Schnuffel. »Was hat Mama für cin Geheimnis?«

Opa bleibt prustend stehen. »Tja, ich kann dir nur so viel sagen: Mamas Geheimnis ist was Tolles zum Spielen.«

Schnuffel denkt wieder ganz fest nach. Was zum Spielen? Was kann das denn sein? Mama spielt doch nur ganz selten.

Schnuffel trabt weiter. Er fragt alle Ponys auf der Weide. Aber alle sagen so komische Sachen wie Papa und Oma und Opa. Keiner verrät das Geheimnis, obwohl es jeder weiß. Jeder außer Schnuffel. Das ist so was von gemein!

Dann muss Schnuffel eben das Geheimnis selber suchen. Jeden Zentimeter auf der Weide schnuppert er ab. Aber er findet nur das, was sonst auch auf der Weide ist: Grashalme und Löwenzahn, Karotten und Äpfel. Keine Spur von Mamas großem Geheimnis!

Auf einmal wird Schnuffel schrecklich müde. Er legt sich ins Gras zu den anderen Ponys und schläft ein. Schnuffel träumt von einem riesigen Apfel mit vier Beinen. Der Apfel spielt mit Opa auf dem alten Weidezaun Fangen. Dann läuft er auf Schnuffel zu und springt auf seinen Hals.

»Wach auf, Schnuffel!«, ruft Papa und stupst Schnuffel am Hals. Schnuffel reißt die Augen auf. »Was ist denn?«

»Das Geheimnis ist da«, sagt Papa. »Komm mit!«

Blitzschnell ist Schnuffel auf den Beinen.

Es ist mitten in der Nacht. Das Gras ist feucht, und die Sterne funkeln am Himmel.

Papa führt Schnuffel zum Stall. Dort liegt Mama im Stroh. Sie ist gar nicht mehr so dick. Und sie schleckt an etwas herum, an einer kleinen, hellbraunen Kugel aus Fell.

»Schau«, sagt Mama, »unser Fohlen, deine kleine Schwester Karo.«

Schnuffel wiehert laut. »Das war dein Geheimnis! Und das Pony war wirklich in deinem Bauch?«

»Ja«, sagt Mama.

Karo streckt ihre Beine aus und versucht aufzustehen, doch die Beine knicken ein, und sie fällt zurück ins Stroh. Beim zweiten Mal klappt es. Karo steht auf ihren dünnen Beinen, aber sie wackelt wie der alte Weidezaun! Sie stolpert auf Mama zu und steckt ihre Nase unter ihren Bauch.

»Karo ist aber neugierig!«, sagt Schnuffel.

Papa nickt. »Zum Glück ist sie neugierig. Sie braucht dringend Milch. Schau, jetzt hat sie die Milchquelle gefunden.«

Gierig trinkt Karo. Dann ist sie satt und schüttelt ihren Kopf.

Ganz langsam geht Schnuffel auf Karo zu und schnuppert an ihr. Er schnuppert an ihrem Fell, hinter ihren Ohren und an ihren Nüstern. Karo riecht gut, ein bisschen nach Milch und so süß wie ein Apfel.

Schnuffel pustet ihr sachte in die Nüstern. »Hallo, kleine Schwester! Du bist das allerallerschönste Geheimnis.«

Karo schnuppert auch an Schnuffel. Dann knabbert sie ein biss-

chen an Schnuffels Mähne. Und plötzlich stupst sie Schnuffel an und läuft ein paar Schritte weg.

»Du willst Fangen spielen!«, sagt Schnuffel und lacht. »Das kannst du haben, Karo. Ich krieg dich, wetten?«

Doch bevor Schnuffel Karo fangen kann, knicken ihre Beine wieder ein, und sie fällt aufs Stroh.

»Dein Schwesterchen ist müde«, sagt Mama. »Sie muss jetzt schlafen. Und du musst auch schlafen. Papa bringt dich zurück zur Weide.«

»Ich will aber hier bleiben«, sagt Schnuffel.
Papa und Mama sehen sich an.
»Na gut«, sagt Papa schließlich. »Du darfst bleiben. Aber nur, wenn du Karo nicht beim Schlafen störst.«
»Ich bin ganz still«, sagt Schnuffel.
Karo kuschelt sich an Mama. Mama kuschelt sich an Papa. Und Schnuffel kuschelt sich an seine kleine Schwester. Ganz tief steckt er seine Nüstern in ihr Fell. Und mit dem Duft nach Äpfeln in der Nase schläft er ein.

Lotti und das Mitternachtspony
von
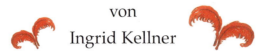
Ingrid Kellner

Lotti wacht auf, mitten in der Nacht. Der Mond scheint voll und rund. Lotti schlüpft aus ihrem Bett und guckt aus dem Fenster. Auf dem Platz vor dem Haus steht ein Pferd, ein kleines Pferd, eigentlich ein Pony. Es ist aus Metall und befindet sich auf einem Denkmalsockel. Das Pony glänzt grün-golden im Mondlicht und wiehert: »Komm runter, Lotti! Ich will zum Zirkus.«

»Ich auch«, ruft Lotti, »ich will auch zum Zirkus!« Sie läuft im Nachthemd die Treppe hinunter.

»Wo ist denn dein Reiter?«, fragt Lotti, als sie vor dem Pony steht.

»In Reparatur«, antwortet es. »Gut, dass ich ihn für eine Weile los bin. Er meint immer, er ist der Größte.«

»Wie mein Bruder Paul«, sagt Lotti und nickt.

Paul kann nämlich immer alles besser. Kunststück, er ist ja auch drei Jahre älter als Lotti. Er kann sogar mit drei Bällen jonglieren.

»Das schaffst du nie, Hoppi-Lotti«, sagt er dann und lacht. Als Lotti noch kleiner war, ist sie oft auf Papas Knien geritten.

»Hoppi, hoppi, Reiter«, singt Paul deswegen oft. »Hoppi, Lotti!«

Da könnte Lotti vor Ärger an die Decke gehen und ihn schubsen, dass er alle drei Bälle fallen lässt.
Paul will mal zum Zirkus, Lotti auch. Da ist es ganz praktisch, dass das Pony jetzt auch hinwill. Lotti kennt das Pony auf dem Denkmalsockel vor ihrem Haus schon lange und nennt es Petersilie. Sie streichelt jeden Tag Petersilies Hufe, wenn sie von der Schule nach Hause kommt, und erzählt ihr alles, was sie im Rechnen gelernt hat.

»Und du willst wirklich jetzt, mitten in der Nacht, in den Zirkus?«, fragt Lotti.

Petersilie nickt. »Das ist die beste Zeit.«

Das Pony springt von seinem Sockel, und Lotti steigt auf.

Es ist wunderbar! Petersilie ist stark und fühlt sich warm und fest an. »Klicker-di-klack« tönen die Hufe. Lotti spürt, wie ihr der Wind an den Ohren vorbeibraust. Bald sind sie aus der Stadt heraus und traben ins Weite. Da ist eine wogende Sommerwiese, die duftet in der warmen Nacht, und dann taucht in der Ferne ein weißes Zirkuszelt auf.

Zirkus Mondschein steht über dem Eingang. Lotti und Petersilie reiten hinein. In der Manege traben zwölf große, schneeweiße Pferde im Takt der Musik. Die Federbüschel auf ihren Köpfen wippen. Petersilie trabt mit Lotti hinterher. In der Mitte steht der Direktor im weißen Frack und knallt mit einer langen Peitsche. Die großen Pferde machen kehrt und laufen in die andere Richtung. Alle, nur Petersilie nicht.

»Ich lass mich doch nicht so dirigieren«, schnaubt sie empört.

»Der meint ja, er kann mit mir machen, was er will, nur weil ich so klein bin.«

Jemand lacht. Es ist Pippo, der Clown. Er stolpert in die Manege und fällt ins Sägemehl, dass es staubt. Aber er steht wieder auf und begrüßt Lotti und Petersilie. »Hallo, schön, dass ihr da seid!«

Der Direktor wird ungeduldig.

»Schick sie hinaus!«, befiehlt er. »Sie können nicht parieren.«
»Was heißt das?«, will Lotti wissen.
»Parieren heißt folgen«, erklärt Pippo.
»Du dummes kleines Ding«, schnauben die zwölf schneeweißen Pferde. »Weißt nicht mal, was parieren heißt.«
»Ihr doofen weißen Riesen«, wiehert Petersilie. »Wetten, dass ihr nicht mal rechnen könnt? Los, Lotti, frag sie was!«
Lotti lacht. »Wie viel ist acht und vier?«
Die großen Pferde überlegen, aber sie kommen nicht darauf.
»Zwölf«, flüstert ihnen der Zirkusdirektor zu.
»Nicht vorsagen!«, schreit Pippo. »Noch mal, Lotti!«
Lotti überlegt. »Wie viel ist fünf und sieben?«, fragt sie dann.
Die großen Pferde kommen wieder nicht darauf.
»Na, zwölf«, wiehert Petersilie. »So ein dummes Dutzend.«
Jemand wiehert hell auf. Es ist ein silberfarbenes Pony. »Ich bin Luna«, sagt es und trabt in die Manege. Luna schnuppert an Petersilie. »Du riechst gut.« Und zu Lotti sagt Luna: »Du bist sicher die neue Zirkusprinzessin.«
»Ja, wenn das so ist«, sagt der Zirkusdirektor und lächelt, »dann wollen wir mal Platz machen.« Er knallt mit der Peitsche und verlässt mit seinen zwölf schneeweißen großen, aber dummen Pferden die Manege.
Clown Pippo verneigt sich. »Zeig mir, was du kannst, Prinzessin Lotti!«, ruft er.

Und Lotti fühlt plötzlich, dass sie *alles* kann. Sie jongliert mit drei Bällen, während sie mit einem Bein auf Petersilie und mit dem anderen auf Luna steht. Die beiden Ponys traben rund um die Manege im sanften Takt der Musik.

»Schööön!«, seufzt Pippo und klatscht begeistert.
Lotti springt zu Boden und verneigt sich in alle Richtungen. Petersilie gefällt es im Zirkus so gut, dass sie dort bleiben will und bei Luna, ihrer neuen Freundin. Aber vorher bringt sie Lotti noch nach Hause. Wie der Wind galoppiert das Pony zurück über die Wiesen vor der Stadt und durch die Straßen bis zu dem Platz, an dem Lottis Haus steht. Lotti steigt ab.

»Gute Nacht!«, wiehert Petersilie leise.

Lotti umarmt das Pony. Sie ist plötzlich sehr traurig. »Bleib doch hier!«, bittet sie.

Petersilie schüttelt den Kopf, dass die Mähne fliegt. »Nein, Lotti. Ich gehöre jetzt zum Zirkus Mondschein und zu Luna. Aber komm mich doch beim nächsten Vollmond besuchen.«

Da nickt Lotti. Sie gibt Petersilie noch einen Klaps, dann geht sie leise die Treppe in ihr Zimmer hinauf und schlüpft wieder in ihr Bett. Der Vollmond verschwindet, und Lotti schläft ein.

Am anderen Morgen steht kein kleines Pferd mehr auf dem Denkmalsockel.

»Jetzt ist es auch in Reparatur«, behauptet Paul, Lottis großer Bruder.

Aber Lotti weiß es besser. Obwohl sie kleiner ist.

Ein Pony für Lukas
von
Christiane Steen

»Nein, ich will nicht!«, schreit Lukas. »Ich will nicht da rauf!«
»Oje, das wird doch nie was«, sagt Marie und stöhnt, und ihre Zwillingsschwester Clara verdreht verzweifelt die Augen.
Heute ist der letzte Ferientag auf dem Ponyhof. Mama und Papa packen schon den ganzen Vormittag ihre Sachen zusammen. In einer halben Stunde sollen sie abfahren, und Marie und Clara wollen sich vorher unbedingt noch von den Ponys verabschieden. Ihren kleinen Bruder Lukas haben sie mitgenommen, obwohl der in den ganzen Ferien nicht ein einziges Mal reiten wollte.
Mama hat gemeint, dass Lukas vielleicht noch ein bisschen Angst hat, schließlich ist er noch nicht mal vier Jahre alt.
Aber Papa hat gesagt, dass Lukas noch nie vor einem Tier Angst gehabt hat und nur bockig ist, denn die Ponys hier sind doch total klein.
Und dann hat Papa gesagt, wenn die Zwillinge es schaffen, dass Lukas vor der Abfahrt doch noch mal reitet, dann spendiert er ihnen beiden ein Eis.

Darum haben Marie und Clara jetzt Lukas zum Zwergpony Purzel gebracht. Das ist so klein wie ein Hund. Na ja, wie ein großer Hund. Vor dem kann Lukas doch nun wirklich keine Angst haben. Aber Lukas sträubt sich mit Händen und Füßen.

»Jetzt stell dich doch nicht so an, Lukas«, sagt Clara und versucht, ihren Bruder mit in die Box zu ziehen, wo Marie schon steht und Purzel streichelt. »Pass auf, jetzt spielen wir mal, dass wir im Zirkus sind, und du bist der Artist, der auf seinem Pferd Kunststücke macht. Ich lass dich nachher auch von meinem Eis lecken, ehrlich.«

Aber Lukas findet Zirkus doof.

»Ich will kein komischer Atixt sein!«, sagt er und macht sich von Clara los. Dann stellt er sich vor Purzels Box und macht dabei ein ganz grummeliges Gesicht. »Ich bin ein Ritter! Und das da drinnen in dem Käfig ist ein gefährlicher Drache, der hält euch nämlich gefangen. Aber ihr braucht keine Angst zu haben, weil ich euch jetzt befreie!«

Und bevor Marie und Clara etwas dagegen unternehmen können, hat Lukas sich schon den Besen genommen, der an der Wand lehnt, und hält ihn Purzel vor die Nase.

»Das ist mein Schwert!«, ruft Lukas. »Pass auf, du Drache, jetzt kämpfen wir!«

Purzel weiß nicht, was ein Ritter ist, und er weiß auch nicht, was ein Schwert ist. Aber dass Lukas ihm zu viel mit dem Besen vor

103

der Nase herumfuchtelt, das weiß er bestimmt. Er macht einen Satz nach hinten und legt die Ohren an.
»Lukas, hör sofort damit auf!«, schimpft Marie und kommt mit Clara schnell aus der Box heraus. »Du hast Purzel richtig erschreckt!«
»Ich glaube, ich hab eine andere Idee«, sagt Clara und nimmt Lukas den Besen aus der Hand. »Wir gehen jetzt in die Halle. Da ist nämlich gerade Unterricht. Und da kannst du viel besser Ritter spielen, pass mal auf.«
Und dann nehmen Clara und Marie Lukas in die Mitte und marschieren die Stallgasse hinunter.

In der Halle steht die Reitlehrerin Sabine und gibt Reitunterricht. Zehn Kinder reiten auf ihren Ponys in einem großen Kreis um sie herum.

»Guck mal, Lukas«, sagt Clara und zeigt auf die Reiter. »Du kannst doch spielen, dass das alles Ritter sind, die für ein Ritterturnier üben. Und wir fragen Sabine, ob du mit einem der Ritter da mitreiten darfst, was hältst du davon?«

»Ich will aber gar kein doofer Ritter mehr sein!«, gibt Lukas bekannt. »Ich bin jetzt Indianer, und der hat sich nämlich gerade in ein Cowboylager geschlichen.« Lukas duckt sich und kriecht auf allen vieren hinter der Bande entlang.

»Lukas, komm her!«, zischt Marie. Sie kann nicht so laut rufen, weil man in der Halle immer leise sein muss, damit man die Ponys beim Unterricht nicht erschreckt.

Aber davon hat Lukas wohl noch nie etwas gehört. Mit einem Satz springt er hoch und stößt ein wildes Indianergeheul aus, sodass die Ponys in der Halle allesamt einen Sprung zur Seite machen. Sogar Sabine ist bei dem Geheul zusammengezuckt.

»Lukas!«, ruft sie jetzt ärgerlich. »Was fällt dir ein, so einen Krach zu machen? Jetzt gehst du aber bitte sofort raus!«

»Oh, wie peinlich!«, sagt Clara und stöhnt, als sie alle drei aus dem Stall nach draußen kommen. »Lukas, mit dir kann man wirklich nirgendwo hingehen. Beinahe wäre eben einer von seinem Pony gefallen!«

»Komm, wir gehen zur Weide«, sagt Marie. »Vielleicht klappt es ja dort.«

105

Auf der Weide stehen drei Ponys und grasen friedlich in der Sonne. Clara und Marie stellen sich an den Zaun und versuchen, die Ponys mit ein paar Äpfeln herzulocken. Lukas nimmt sich auch einen Apfel von Marie, aber in den beißt er selber hinein. In dem Moment kommt Papa mit einem Koffer auf dem Weg zum Auto vorbei. »Na, ihr beiden«, sagt er zu den Zwillingen und zwinkert ihnen zu. »Ob das mit dem Eis noch was wird?«

»Klar, das schaffen wir locker«, murmelt Clara, und Marie nickt, auch wenn sie gar nicht mehr so sicher ist.

»Los, Lukas, jetzt kannst du mal richtig Indianer spielen«, schlägt sie dann vor. »Du suchst dir einfach einen wilden Mustang aus, und dann kannst du ganz toll über die Prärie reiten!«

»Ich bin aber kein Indianer mehr«, sagt Lukas und klettert auf den Zaun. »Ich spiele jetzt lieber Cowboy! Und das da sind meine Kühe, die mir weggelaufen sind. Aber passt mal auf, jetzt fang ich die nämlich wieder ein.« Er nimmt das Seil vom Zaun, mit dem Sabine immer die Ponys von der Weide holt, und wirbelt es wild durch die Luft. Dann lässt er los. Die drei Ponys nehmen vor dem ungewöhnlichen Geschoss erschrocken Reißaus. In wildem Galopp preschen sie die Weide hinunter.

»Oh Mann, Lukas, du verscheuchst ja immer nur alle Pferde!«, schimpft Marie und stampft wütend mit dem Fuß auf. Sie hat sich schon so auf das Eis gefreut, und jetzt verdirbt ihnen dieser kleine Sturkopf alles.

»Ich geb's auf«, sagt Clara. »Komm, Marie, wir gehen jetzt zu Mama und Papa, und dann fahren wir nach Hause.«
Mit hängenden Köpfen trotten die Zwillinge über den Hof. Lukas hopst fröhlich hinter ihnen her. Doch plötzlich bleiben die Mädchen stehen.
Mitten auf dem Hof in der Sonne liegt Fritz, der Ziegenbock, und blinzelt sie aus seinen kleinen Augen an.
Die Zwillinge fürchten sich ein bisschen vor Fritz. Man weiß nie, was in diesem Dickkopf vorgeht, hat Mama gesagt. Manchmal liegt er ganz friedlich da, und dann wieder rennt er mit gesenkten

Hörnern auf einen zu, sodass man es mit der Angst bekommt. Obwohl er angeblich keinem etwas tut, das hat jedenfalls Sabine gesagt. Aber das glaubt Mama nicht so richtig. Und Clara und Marie glauben es auch nicht. Jedenfalls machen sie jetzt einen großen Bogen um Fritz und bringen sich hinter einer Schubkarre in Sicherheit.

Lukas aber nicht. Er geht auf Fritz zu und bleibt direkt vor ihm stehen. Der Ziegenbock hebt den Kopf und blinzelt Lukas an.

»Komm schnell her, Lukas!«, ruft Clara. »Lass Fritz bloß in Ruhe, sonst nimmt er dich noch auf die Hörner!«

Aber Lukas denkt nicht daran. Er beißt in seinen Apfel und guckt Fritz tief in die Augen.

Fritz dreht den Kopf nach hinten und kratzt sich mit einem Horn den Rücken.

Dann steht er auf.

»Lukas!«, schreit Clara entsetzt. »Komm her zu uns!«

Aber Lukas hält Fritz seinen Apfel hin. Und Fritz nimmt ihn ganz vorsichtig aus Lukas' Hand. Ruhig steht er da und kaut.

Plötzlich grinst Lukas.

»He, Fritz«, sagt er ganz leise, dass nur Fritz es hören kann. »Willst du spielen, dass du mein Pony bist?«

Und dann klettert Lukas in aller Ruhe auf den Rücken des Ziegenbocks. Der hört dabei noch nicht mal auf zu kauen.

Als Lukas oben sitzt, spaziert Fritz mit langsamen Schritten auf

dem Hof herum. Lukas hält sich vorsichtig an den Hörnern fest. In dem Moment kommen Papa und Mama mit noch mehr Koffern und Taschen in der Hand vorbei. Mama hält vor Schreck die Luft an, als sie Lukas auf dem Ziegenbock herumreiten sieht, und Marie und Clara stehen mit offenen Mündern hinter der Schubkarre. Nur Papa muss so doll lachen, dass ihm die Koffer aus der Hand fallen. »He, Lukas, du kannst ja doch reiten!«, meint er schließlich und wischt sich die Lachtränen aus den Augen.
»Klar kann ich reiten«, sagt Lukas. »Ich brauch bloß ein ordentliches Pony!«
Und so kommen die Zwillinge schließlich doch noch zu ihrem Eis. Und Lukas, der weltbeste Reiter von allen, bekommt auch eins.

Die Geschichte vom kitzligen Charly und von Greta im Mist

 von
Brigitte Kolloch

Greta steht im Badezimmer vor dem Spiegel und bindet sich ihre langen braunen Haare zu einem Zopf zusammen. Mist, sie fallen immer wieder auseinander! Vor allem die kleinen kurzen Haare vorne. Dabei will Greta reiten gehen. Es ist wunderbares Wetter. »Mama!«, ruft Greta. Keine Antwort. Greta läuft ins Schlafzimmer, in die Küche, ja sogar in den Keller. Wo ist Mama bloß? Sie wollte sie doch hinbringen! Aber im ganzen Haus ist weit und breit keine Mama zu finden. Greta wird langsam böse. Mama hatte es fest versprochen!
»Mama!«, ruft Greta wieder.
Sie will doch jetzt zu Charly. Charly wartet bestimmt schon. Charly ist das schönste Pony, das es gibt, und er gehört seit einer Woche Greta ganz alleine! Er hat ein dunkles Fell und eine struppige Mähne, die wuschelig bis über seine Augen fällt. Greta hat Mama schon gesagt, sie müsse unbedingt mit Charly zum Friseur gehen!

Am liebsten wäre Greta ständig bei Charly, deshalb kann sie es auch jetzt kaum abwarten, zu ihm zu kommen. Wenn Charly seine Box in ihrem Zimmer hätte, wäre Greta das glücklichste Mädchen der Welt. Dann könnte sie morgens auf ihm zur Schule reiten. Wie Pippi Langstrumpf.

Greta läuft in den Garten. Es ist warm, die Sonne scheint, und es ist keine einzige Wolke am Himmel. Ein wunderbares Wetter zum Reiten!

Da endlich entdeckt Greta ihre Mutter: Sie liegt unter einem Baum auf einer Liege und schläft!

Greta baut sich empört vor Mama auf und ruft: »Da bist du ja!« Mama gähnt. »Was ist denn los?«, fragt sie verschlafen.

»Du wolltest mich doch zu Charly fahren«, sagt Greta und springt ungeduldig von einem Bein auf das andere. Als Mama nicht sofort aufsteht, kitzelt Greta sie an den Füßen.

»He, lass das!«, ruft Mama und zieht blitzschnell ihre Füße weg. »Herrje, das mit Charly hätte ich fast vergessen. Hast du deine Kappe und die Stiefel?«, fragt sie dann.

»Na klar«, meint Greta, »Los, Mama, schneller!«

»Es geht ja gleich los«, sagt Mama. »Du bist aber auch eine echte Drängelsuse. Eine Charlydrängelsuse.«

Greta hält Mama die Augen zu. »Sag mir, dass Charly das tollste, schönste, liebste, beste, struppigste, allerallerbeste Pony der Welt ist!«

111

Ja, ja, das ist er«, sagt Mama und lacht. »Charly ist das tollste, schönste, liebste, beste, struppigste, allerallerbeste Pony der Welt!«
Da lässt Greta los.
»Du brauchst mich übrigens nachher nicht abzuholen. Miriams Vater bringt mich nach Hause«, sagt Greta, als sie endlich losfahren.
»Prima«, meint Mama.
Sie müssen erst drei Kilometer auf der Hauptstraße fahren, dann biegen sie nach rechts in einen alten Apfelbaumweg. Da steht

wirklich ein Apfelbaum neben dem anderen, und am Ende ist der Pferdehof.

Greta reißt die Autotür auf. »Tschüss!«, ruft sie und springt aus dem Auto.

»Na endlich«, meint eine Stimme aus der ersten Pferdebox im Stall. »Ich hatte schon gedacht, du kommst überhaupt nicht mehr!«

»Ach, hallo, Miriam«, sagt Greta. »Meine Mama hat verschlafen. Sie hat sich einfach in die Sonne gelegt und überhaupt nicht an Charly gedacht.«

»Unvorstellbar«, murmelt Miriam. Sie ist nämlich genauso ein Pferdenarr wie Greta. »Hilfst du mir beim Aufsatteln?«

Greta nickt.

»Ich habe eine Idee«, verkündet Greta, während sie ihrer Freundin hilft, den Sattel an ihrem Pony festzugurten. »Ich will Charly heute ohne Sattel reiten, wie ein echter Indianer.«

Neulich hat sie mit ihrem Vater einen Indianerfilm im Fernsehen geguckt, und da kam ihr die Idee, dass sie auch mal ohne Sattel reiten möchte – eben wie ein echter Indianer!

»Na, dann halt dich aber gut an der Mähne fest, sonst liegst du schneller unten, als du denkst«, meint Miriam.

Ja, ja, denkt Greta. Mir passiert schon nichts.

Greta putzt und striegelt ihr Pony. »Jetzt muss ich nur noch deine Hufe auskratzen, und dann kann es losgehen«, sagt sie zu Charly.

Als sie ganz fertig ist, steigt sie mit Miriams Hilfe auf und reitet langsam los.

»Ist doch ein bisschen komisch«, sagt sie zu Miriam. Greta wackelt auf Charlys Rücken hin und her und kann sich nur ganz schwer festhalten. Die Bewegungen sind auch nicht so abgefedert wie mit Sattel, und bald tut ihr alles weh. Aber Charly scheint es Spaß zu machen. Er wiehert laut.

Als wenn er lacht, denkt Greta. Als wenn sein kleines Pferdeherz kichert.

»Pass auf!«, ruft Miriam noch. »Ich glaube fast, der ist kitzlig.«

Aber dann geht es auch schon los: Charly wiehert, hüpft und kichert wie verrückt. Soweit man bei einem Pony überhaupt sagen kann, dass es kichert …

Charly tänzelt, springt und dreht sich.

»Hilfe!«, ruft Greta leise.

Dann ruft sie lauter: »Hilfe!!!«

Charly springt und tänzelt.

Greta hält sich erst nur an der Mähne fest, dann klammert sie sich an Charlys Hals. Aber sie findet keinen richtigen Halt. Greta rutscht immer weiter auf Charlys Hinterteil – und das mag er anscheinend überhaupt nicht.

Plötzlich hebt er nämlich sein Hinterteil, und Greta fliegt in hohem Bogen mitten in den großen Misthaufen!

»Iiieeh!«, schreit Greta und klopft sich ein Stück Mist vom T-Shirt.

Als die beiden Freundinnen merken, dass Greta nichts passiert ist, müssen sie schrecklich lachen.

»Eine Indianerin im Pferdemist! Jetzt weißt du, wie Ohne-Sattel-Reiten ist«, ruft Miriam und muss immer mehr lachen.

»Seit wann kannst du denn so toll reimen?«, fragt Greta.

Aber bevor Miriam antworten kann, kommt Charly und reibt seinen Kopf an Gretas Schulter, als wolle er sagen: »Tut mir leid, liebe Greta. Aber auf Pferden, die am Hintern kitzelig sind, kann keiner so reiten wie du eben – auch kein Indianer!«

 *Jan und sein Gipsbein*
von
Marliese Arold

Jan und seine Schimmelstute Schimmi waren die allerbesten Freunde. Für Jan gab es kein schöneres Pony als Schimmi. Und Schimmi wiederum hatte niemanden lieber als Jan.
Jedes Mal, wenn sie Jan entdeckte, trabte sie zu ihm an den Zaun. Sie begrüßte ihn mit einem munteren Wiehern, scharrte mit dem Vorderhuf und blies ihm zärtlich ins Haar. Manchmal, wenn sie gerade Gras gefressen hatte, sabberte sie dabei auch ein bisschen. Dann wischte sich Jan über seine schwarzen Locken und schimpfte: »Iiiihhh, muss das sein, du Ferkel?«
Aber richtig böse konnte er seinem Pony nie sein. Auch nicht, wenn Schimmi sich nach einem Regentag ausgiebig im Schlamm gewälzt hatte. Dann musste Jan die Stute mit dem Gartenschlauch abspritzen, bis Schimmis Fell wieder blitzsauber und schneeweiß war.
»Ich wette, das machst du absichtlich«, knurrte Jan dann. »Nur, damit ich mich mit dir beschäftige, du schlaue Prinzessin!«
Doch wenn Jan auf Schimmis Rücken saß, war all die Arbeit ver-

gessen. Was für ein herrliches Gefühl! Schimmi war schnell wie der Wind. Das reinste Rennpony! Wenn Jan Indianer spielte, war Schimmi ganz leise, und gemeinsam übten sie das Anpirschen. Und Schimmi war ja so klug! Sie konnte mit ihrem Maul sogar den Riegel vom Stall aufmachen.

Jan war sehr stolz auf sein Pony. In der Schule erzählte er oft von Schimmi. Frau Speck, seine Lehrerin, schlug vor, dass die Klasse am Wandertag Schimmi besuchen sollte. Jan freute sich riesig. Jetzt konnten alle sein Pony kennenlernen.

Am Wandertag schien die Sonne, und Schmetterlinge tanzten über die Pferdekoppel.

Schimmi wurde von den Jungen und Mädchen aus Jans Klasse sehr bewundert. Manche waren auch ein bisschen neidisch, weil Jan ein eigenes Pony hatte. Aber Jan ließ jeden, der wollte, eine Runde auf Schimmi reiten.

Anschließend brachte Jans Mama für alle Saft und Kuchen.
Die Kinder fanden den Ausflug ganz toll und redeten noch lange davon. Doch dann ging die Europameisterschaft los, und die Jungen in Jans Klasse hatten nur noch Fußball im Kopf. Vor und nach dem Unterricht trafen sie sich, um Fußball zu spielen. Jan machte sich nicht besonders viel aus Fußball, aber die anderen schickten ihn ins Tor. Also wurde Jan Torwart. Fünf Tage lang hielt er fast jeden Ball. Am sechsten Tag fiel er hin und konnte nicht mehr aufstehen.
Frau Speck musste den Krankenwagen rufen. Im Krankenhaus wurde Jans Bein untersucht und geröntgt.
»Ein glatter Bruch«, stellte der Arzt fest. »Keine Sorge, das heilt bald. In ein paar Wochen kannst du wieder Fußball spielen.«
Jan bekam ein Gipsbein und lernte, mit Krücken zu laufen. Er fand es gar nicht so schlimm, dass er jetzt erst mal nicht mehr Fußball spielen konnte. Viel schlimmer war, dass er nicht auf Schimmi reiten konnte!
Auch Schimmi war darüber sehr enttäuscht. Jedes Mal, wenn Jan zu ihr an den Zaun humpelte, stupste sie ihn auffordernd mit der Nase an.
»He, Kumpel«, sollte das wohl heißen. »Warum machen wir keine Ausritte mehr?«
Davon wurde Jan noch trauriger.
Wenn ich nur erst mal oben säße!, dachte er. Mit dem Gipsbein

könnte ich schon reiten, wenigstens im Schritt. Aber wie komme ich nur auf Schimmis Rücken?

Einmal versuchte er, am Gatterzaun hochzuklettern und sich von dort aus auf Schimmis Rücken zu schwingen. Mit viel Mühe schaffte er die ersten beiden Stangen. Dann ging nichts mehr. Er traute sich auch nicht mehr herunter. Jan heulte vor lauter Verzweiflung, bis Mama kam und ihn befreite. Schluchzend versteckte er seinen Kopf an ihrer Brust.

»Was wolltest du denn auf dem Zaun?«, fragte sie.

»Reiten«, murmelte Jan.

»Ach, du«, sagte Mama und wuschelte ihm durch die schwarzen Locken. »Das kannst du doch bald wieder. Nur noch ein bisschen Geduld!«

Geduld! Das fiel Jan schwer. Längst humpelte er wieder zur Schule. Alle Klassenkameraden hatten ihren Namen auf sein Gipsbein geschrieben. Anke hatte sogar ein Herzchen dazugemalt.

Beim Fußballspielen war Jan jetzt der Schiedsrichter. Und weil er nicht richtig laufen konnte, durfte Anke ihm helfen. Sie sah jedes Foul und blies mit aller Kraft in Jans Trillerpfeife.

Auf dem Heimweg erzählte Jan ihr die Sache mit dem Zaun. Und wie sehr er sich ärgerte, dass er nicht auf Schimmi reiten konnte.

»Vielleicht kann ich dir helfen«, meinte Anke.

Sie versuchten es gemeinsam. Anke schleppte zuerst einen Tritt-

hocker herbei. Dann eine Stehleiter. Schimmi machte brav alles mit. Vergebens. Jan schaffte es nicht auf ihren Rücken.

»Schimmi müsste sich hinlegen«, meinte Anke, nachdem sie Jan von der Leiter heruntergeholfen hatte. »Du hast doch gesagt, dass dein Pony klug ist. Vielleicht kannst du es ihm beibringen.«

»Gute Idee«, sagte Jan und seine Augen leuchteten.

Sie verbrachten fast den ganzen Nachmittag auf der Weide. Als Mama zum Abendessen rief, hatte Schimmi das erste Mal ein Vorderbein eingeknickt.

»Du wirst sehen, es klappt!«, sagte Anke und klopfte Jan zuversichtlich auf die Schulter.

Jan übte das ganze Wochenende mit Schimmi. Manchmal war er ganz verzweifelt, weil Schimmi einfach nicht kapierte, was sie machen sollte. Jan wollte schon aufgeben. Da endlich knickte Schimmi mit den Vorderbeinen ein und legte sich vor ihm hin. Jan belohnte sein Pony mit einer Mohrrübe.

»So ist es richtig! So ist es brav«, lobte er Schimmi. »Ich hab's gewusst, dass du es kannst!« Er schwang sein gesundes Bein über Schimmis Rücken und warf die Krücken weg. »Und jetzt steh auf, Schimmi!«

Das Pony kam hoch, erst vorne, dann hinten. Jan hielt sich an der Mähne fest. Am liebsten hätte er laut gejubelt: Er konnte reiten – mit Gipsbein!

Im Schritt ritt Jan auf der Koppel umher. Dann öffnete er von Schimmis Rücken aus das Gatter und lenkte das Pony hinüber zum Haus, damit Mama ihn vom Küchenfenster aus sehen konnte. Mama staunte nicht schlecht.

Jan erzählte voller Stolz, wie Schimmi sich hingelegt hatte, damit er aufsteigen konnte.

»Du machst ja aus Schimmi wirklich noch ein Zirkuspony«, meinte Mama. Beim Absteigen musste sie ihm allerdings helfen, denn Schimmi hatte noch nicht begriffen, dass sie sich jetzt auch wieder hinlegen sollte.

In den nächsten Tagen übte Jan immer wieder mit Schimmi. Jedes Mal, wenn sie etwas richtig machte, bekam sie eine leckere Belohnung. Nach zwei Wochen gehorchte sie Jan aufs Wort und legte sich sofort hin, wenn er aufsteigen oder absitzen wollte.

Alle, die Jan dabei zusahen, klatschten Beifall und fanden, dass er ein tolles Pony hatte. Anke knipste sogar einige Fotos, und Frau Speck erlaubte, die Bilder im Klassenzimmer aufzuhängen.
Bald brauchte Jan keinen Gips mehr. Sein Bein war wieder heil. Anfangs war es noch ein bisschen dünner als das andere, aber nach ein paar Wochen sah man keinen Unterschied mehr.

Trotzdem legte Schimmi sich nach wie vor hin, wenn Jan reiten wollte. Jeder, der zu Besuch kam, staunte über das Kunststück, das Jan seinem Pony beigebracht hatte. Und beim Sommerfest in der Schule durfte er sogar mit Schimmi auftreten!

»Prima, Jan«, sagte der Schulrektor und klopfte Jan nach der Aufführung auf die Schulter. »Aus dir wird zwar kein großer Fußballer, aber vielleicht ein Zirkusdirektor. Auf alle Fälle bist du schon jetzt ein ganz ausgezeichneter Reiter!«

Quellenverzeichnis

Abedi, Isabel: *Das Mondscheinkarussell.* © bei der Autorin

Arold, Marliese: *Der Apfeldieb.* © bei der Autorin

Arold, Marliese: *Jan und sein Gipsbein.* © bei der Autorin

Fröhlich, Anja: *Das faule Zwergpony Trude.* © bei der Autorin

Geisler, Dagmar: *Keine Angst vor großen Pferden.* © bei der Autorin

Gieseler, Corinna: *Wilde Mücke.* © bei der Autorin

Inkiow, Dimiter: *Die aufgefressenen Strohhüte.* Aus: Inkiow, Dimiter: Ich und meine Schwester Klara – Die schönsten Geschichten zum Vorlesen. © Ellermann Verlag GmbH, Hamburg 2003

Kellner, Ingrid: *Lotti und das Mitternachtspony.* © bei der Autorin

Kolloch, Brigitte: *Die Geschichte vom kitzligen Charly und von Greta im Mist.* © bei der Autorin

Müntefering, Mirjam: *Das wilde Pony Fridolin.* © bei der Autorin

Ondracek, Claudia: *Das kleine Pferd.* © bei der Autorin

Rahn, Sabine: *Caroline ist ein großes Pferd.* © bei der Autorin

Scheffler, Ursel: *Paula auf dem Ponyhof.* Aus: Scheffler, Ursel: Paula auf dem Ponyhof. © Verlag Friedrich Oetinger GmbH, Hamburg 2003

Steen, Christiane: *Ein Pony für Lukas.* © bei der Autorin

von Vogel, Maja: *Ein Pony kommt zum Tee.* © bei der Autorin

Wich, Henriette: *Mamas großes Geheimnis.* © bei der Autorin

Die schönsten Vorlesegeschichten für Kinder – mit vielen farbigen Bildern

ISBN 978-3-7707-2822-0

ISBN 978-3-7707-2471-0

ISBN 978-3-7707-2460-4

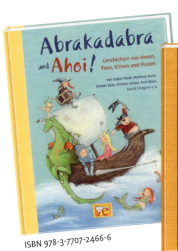

ISBN 978-3-7707-2466-6

ISBN 978-3-7707-2475-8

ISBN 978-3-7707-2473-4

Weitere Informationen unter:
www.ellermann.de

Der schlauste Wikinger der Welt

Runer Jonsson
Wickie und die starken Männer
Ab 5 Jahren · 128 Seiten
ISBN 978-3-7707-2850-3

Runer Jonsson
Wickie auf großer Fahrt
Ab 5 Jahren · 128 Seiten
ISBN 978-3-7707-2851-0

Runer Jonsson
Wickie und das Drachenschiff
Ab 5 Jahren · 128 Seiten
ISBN 978-3-7707-2852-7

Runer Jonsson
Wickie der Entdecker
Ab 5 Jahren · 128 Seiten
ISBN 978-3-7707-2853-4

Runer Jonsson
Wickie und die Graumänner
Ab 5 Jahren · 128 Seiten
ISBN 978-3-7707-2854-1

Vorlesen mit ellermann

Die Originalgeschichten zum TV-Klassiker gibt
es auch auf CD. Weitere Informationen unter:
www.oetinger-audio.de und www.ellermann.de

Leseschätze für die ganze Familie

Es war einmal ... Eine Sammlung der schönsten Märchen von den Brüdern Grimm, Andersen und Bechstein sowie neue Märchen von Astrid Lindgren, Paul Maar oder Cornelia Funke.

Eva-Maria Kulka (Hg.)
Die schönsten Märchen von gestern und heute
Einband und farbige Illustrationen von Cornelia Haas
Ab 4 Jahren · 192 Seiten · ISBN 978-3-7707-2465-9

Eine Entdeckungsreise durch die Welt der Geschichten! Mit Texten von Astrid Lindgren, Kirsten Boie, Peter Härtling, Paul Maar, Christine Nöstlinger u.v.a.

Corinna Küpper (Hg.)
Die schönsten Geschichten zum Vorlesen
Einband und farbige Illustrationen von Dagmar Henze
Ab 5 Jahren · 192 Seiten · ISBN 978-3-7707-2464-2

In hochwertiger Ausstattung mit wunderschönen Bildern, Leinenrücken und Lesebändchen.

Weitere Informationen unter:
www.ellermann.de